Seis horas de uma sexta-feira

Max Lucado

Seis horas de uma sexta-feira

Tradução
Wanda Assumpção

3. edição revista

EDITORA VIDA
Rua Conde de Sarzedas, 246 — Liberdade
CEP 01512-070 São Paulo, SP
Tel.: 0 xx 11 2618 7000
Fax: 0 xx 11 2618 7030
www.editoravida.com.br

©1989, de Max Lucado
Título original *Six Hours One Friday*
Edição publicada por MULTINOMAH PUBLISHERS
(Sisters, Oregon, EUA)

Todos os direitos em língua portuguesa reservados por Editora Vida.

PROIBIDA A REPRODUÇÃO POR QUAISQUER MEIOS, SALVO EM BREVES CITAÇÕES, COM INDICAÇÃO DA FONTE.

As citações bíblicas foram extraídas da *Almeida Edição Contemporânea (AEC)*
©1989, publicada por Editora Vida, salvo indicação em contrário.

Editor responsável: Gisele Romão da Cruz Santiago
Revisão do Acordo Ortográfico: Roselene Sant'Anna
Diagramação: Claudia Fatel Lino
Capa: Alexandre Gustavo

Todas as citações bíblicas e de terceiros foram adaptadas segundo o Acordo Ortográfico da Língua Portuguesa, assinado em 1990, em vigor desde janeiro de 2009.

1. edição: 1989
2. edição: 2004
1ª reimp.: out. 2007
2ª reimp.: mar. 2008

3. ed. rev.: 2009
1ª reimp.: jan. 2010
2ª reimp.: jun. 2011
3ª reimp.: nov. 2011
4ª reimp.: jul. 2012
5ª reimp.: jun. 2013
6ª reimp.: abr. 2014

Dados Internacionais de Catalogação na Publicação (CIP)
(Câmara Brasileira do Livro, SP, Brasil)

Lucado, Max
   Seis horas de uma sexta-feira / Max Lucado; tradução Wanda Assumpção.
— 3. ed. rev. — São Paulo: Editora Vida, 2009.

   Título original: *Six Hours One Friday*.
   ISBN 978-85-383-0005-2

   1. Jesus Cristo — Paixão — Meditações I. Título.

09-08187   CDD-232.96

Índice para catálogo sistemático:
1. Jesus Cristo : Paixão e morte : Cristologia   232.96

*Para Jacquelyn, Joan e Dee,
do seu irmão caçula.*

Agradecimentos

Este livro foi iniciado num lado do equador e terminado no outro. Preciso estender meus agradecimentos a pessoas dos dois lugares.

Aos cristãos no Rio de Janeiro, Brasil — Obrigado por cinco anos inesquecíveis. Obrigado por tudo!

Aos cristãos de Oak Hills — Sua fé e devoção foram inspiradoras.

A Jim Toombs, Mike Cope, Rubel Shelley, Randy Mayeux e Jim Woodroof — Sou grato pelas palavras cálidas e pelos bons conselhos.

A Ron Bailey — Você me deu o conselho certo na hora certa. Obrigado.

À minha inflexível editora de texto, Liz Heaney — Não sei como o faz, mas você tem um jeito de transformar carvão em diamantes.

À minha secretária, Mary Stain — O que faríamos se não a tivéssemos ao leme? Obrigado por datilografar e datilografar e datilografar...

A Marcelle LeGallo e Kathleen McCleery — Obrigado por terem feito o trabalho de Mary a fim de que ela pudesse fazer o meu.

E um agradecimento especial à minha esposa Denalyn — Graças a você, voltar para casa é o ponto alto do meu dia.

Sumário

1. Prenúncios de furacão 11

Primeiro ponto de ancoragem
Minha vida não é inútil

2. A fórmula de Deus para o esgotamento 33
3. Duas lápides 40
4. Prova viva 56
5. Tochas chamejantes e promessas vivas 64
6. Mensagens angelicais 73
7. Lembre-se 84

Segundo ponto de ancoragem
Meus fracassos não são fatais

8. Erros fatais 99
9. Cristo Redentor 106
10. O cálice dourado 117
11. Volte para casa 128
12. O peixe e as cataratas 144
13. O presente de última hora 151

Terceiro ponto de ancoragem
Minha morte não é o fim

14. Deus *x* a morte 161
15. Fantasia ou realidade? 167
16. A centelha da eternidade 171
17. Terceiro assalto: "Lázaro, vem para fora!" ... 191
18. A celebração 199
19. O último olhar 206

Guia de estudos — Aprofundando as âncoras 216

CAPÍTULO 1
Prenúncios de furacão

Fim de semana prolongado no começo de setembro de 1979. Por todos os Estados Unidos, as pessoas despediam-se do verão. Reuniões de fim de semana, viagens para acampar, piqueniques.

Exceto em Miami.

Enquanto o resto do país se divertia, a Costa Dourada do sul da Flórida vigiava. O furacão Davi turbilhonava pelo Caribe, deixando uma trilha de ilhas alagadas e gente desabrigada.

Não é preciso dizer aos floridianos que se escondam quando um furacão está em pé de guerra. Janelas foram vedadas com fita isolante, alimentos enlatados comprados, lanternas testadas. Davi estava prestes a dar o bote.

No rio Miami, um grupo de rapazes solteiros tentava descobrir qual a melhor maneira de proteger sua casa flutuante. Não que fosse lá grande coisa como embarcação. Não passava de uma cabine rústica numa barcaça furada. Mas era a casa deles. E se não fizessem algo, ela iria parar no fundo do rio.

Nenhum dos rapazes havia morado em barco antes, e muito menos enfrentado um furacão. Qualquer lobo do mar digno desse nome teria dado boas gargalhadas observando aqueles marinheiros de primeira viagem.

Aquilo parecia a reprise de uma antiga comédia marítima. Eles compraram corda o bastante para amarrar o navio *Queen Mary*. Amarraram o barco a árvores, ao ancoradouro, a si próprio. Quando terminaram, a pequena embarcação parecia ter sido apanhada em uma teia de aranha. Estavam tão ocupados amarrando-a a tudo, que é de admirar um dos rapazes não ter sido amarrado junto.

Como foi que fiquei a par de tamanho fiasco? Adivinhou. A casa flutuante era minha.

Não pergunte o que eu fazia com uma casa flutuante. Parte aventura e parte pechincha, acho eu. Mas aquele fim de semana prolongado era uma aventura maior do que eu me havia disposto a enfrentar. Fazia três pagamentos

Prenúncios de furacão

mensais que o barco era meu e agora estava prestes a ter de sacrificá-lo ao furacão! Eu estava desesperado. *Amarrar*! Era tudo em que conseguia pensar.

Eu chegava ao fim da corda, em mais de um sentido, quando Phil apareceu. Ora, Phil entendia de barcos. Tinha até mesmo cara de quem entendia de barcos.

Creio que ele já nascera queimado de sol e dentro de um barco. Falava o jargão e conhecia os problemas. Também conhecia furacões. Corria boato pelo rio de que ele havia enfrentado um deles por três dias num barco à vela de pouco mais de três metros. Essa história fazia desse homem uma lenda viva.

Ele sentiu pena de nós, por isso veio dar um conselho... e conselho bem fundado. "Amarrem-no à terra e se arrependerão. Essas árvores vão ser engolidas pelo furacão. Sua única esperança é ancorar fundo", disse ele. "Coloquem quatro âncoras em quatro locais diferentes, deixem a corda frouxa e orem para que dê certo."

Ancorar fundo. Bom conselho. Aceitamos e... bem, antes que lhe diga se vencemos ou não o furacão, falemos de pontos de ancoragem.

Talvez algum dos meus leitores esteja prestes a ser apanhado numa tempestade. O tempo está ameaçador, o nível da água sobe e pode-se ver as árvores começando a curvar-se.

> Você fez todo o possível, mas mesmo assim seu casamento não se mantém. É apenas questão de tempo.
>
> Você deu um passo maior do que as pernas. Jamais deveria ter concordado em aceitar um compromisso desses. Não há como possa terminar dentro do prazo. E quando esse prazo se esgotar e você não produzir o esperado...
>
> Você passou a semana toda com medo dessa reunião. Já mandaram embora diversos homens. Por que o diretor mandou dizer agora que deseja falar com você? E você tem um recém-nascido em casa.

Talvez os ventos já se tenham transformado num vendaval e você mal esteja conseguindo manter-se vivo.

> "Por que o nosso filho?" São as únicas palavras que você consegue pronunciar. O enterro terminou e as palavras de con-

Prenúncios de furacão

forto já foram ditas cortesmente. Agora é apenas você, suas lembranças e sua pergunta: "Por que aconteceu comigo?"

"Os testes foram positivos. O tumor é maligno." Logo quando você pensava que a luta maior havia terminado. Agora essa notícia.

"Eles aceitaram o outro lance." Essa venda era a sua última esperança. Perder a licitação pode significar que terá de fechar a firma. Esse cliente teria sido apenas suficiente para manter o negócio à tona por mais um trimestre. Mas, e agora?

Tudo isso são ondas que sugam a nossa alegria para o mar. Ventos que arrancam nossas esperanças pelas raízes. Enchentes que penetram por baixo das portas de nossas vidas e cobrem as paredes de nossos corações.

Fui apanhado num furacão quando concluía este capítulo. O alerta veio por um telefonema durante uma reunião. A moça do tempo que me deu as notícias assustadoras era a minha esposa. "Max, sua irmã acabou de ligar. Sua mãe vai ser operada para colocar quatro pontes de safena amanhã às oito horas."

Algumas chamadas rápidas para as companhias aéreas. Roupas jogadas numa mala. Uma corrida ao aeroporto em tempo de conseguir o último lugar no último vão.

Não houve tempo para desenvolver uma filosofia pessoal sobre a dor e o sofrimento. Não houve tempo para analisar o mistério da morte. Não houve tempo para lançar âncoras.

Houve tempo apenas para ficar firme e confiar nos pontos de ancoragem.

Pontos de ancoragem. Rochas firmes profundamente submersas num alicerce sólido. Não opiniões pessoais ou hipóteses negociáveis, mas evidências férreas que o manterão à tona. Qual a força das suas? Qual a robustez de sua vida quando você se depara com uma destas três tempestades?

Futilidade. Você está por cima e subindo cada vez mais. Devia sentir-se satisfeito, alegre. Está realizando o que se propôs a realizar. Tem casa. Emprego. Segurança. Tem dois carros na garagem e dinheiro investido no banco. Pelo que todos podem avaliar, devia estar contente.

Então, por que você sente-se tão infeliz? É por saber que toda maré que sobe também desce? É porque seu diploma e promoção

Prenúncios de furacão

não respondem às perguntas que o mantêm acordado à noite? "Para que é isso, afinal de contas?" "Quem saberá o que fiz?" "Quem se importa com quem sou?" "Qual o propósito de tudo isso?"

Fracasso. Você já não consegue esconder. Pôs tudo a perder. Você estava errado. Desapontou todo mundo. Em vez de projetar-se, desapontou. Em vez de dar um passo para diante, deu um para trás. Fez precisamente aquilo que jurou jamais fazer.

Suas âncoras se arrastam pela areia, sem encontrar nenhuma rocha. Caso um ponto sólido não seja encontrado logo, o casco de seu coração se espatifará.

Fim. A cena se repete milhares de vezes a cada dia neste país. Pessoas reunidas diante de um caixão. Lenços. Lágrimas. Palavras. Flores. Terra. Túmulo aberto. É a onda do fim da vida.

Embora ela tenha atingido a praia inúmeras vezes, você nunca achou que o acertaria, mas foi o que aconteceu. Sem convite e sem aviso, ela o golpeou com força irresistível, levando embora sua mocidade, sua inocência, sua companheira, seu amigo. E agora você está ensopado e tremendo, sem saber o que virá a seguir.

Futilidade,
  fracasso,
    fim.

Você não precisa enfrentar esses monstros sozinho. Ouça o conselho de Phil. É bem fundado, tanto dentro quanto fora da água: Ancore fundo.

Há algum furacão vindo para o seu lado?

Este livro examina três pontos de ancoragem. Três grandes pedras que podem enfrentar qualquer tempestade. Três rochas que repelem a mais alta das ondas. Três saliências nas quais você pode enganchar suas âncoras. Cada ponto de ancoragem foi implantado firmemente em alicerce rochoso dois mil anos atrás por um carpinteiro que alegava ser o Cristo. E foi tudo feito no decorrer de um único dia. Uma única sexta-feira. Foi tudo feito durante seis horas de uma sexta-feira.

Para o observador casual, nada houve de extraordinário durante essas seis horas. Para eles, aquela sexta-feira foi uma sexta-feira normal. Seis horas de rotina. Seis horas do que já estava sendo esperado.

Prenúncios de furacão

Seis horas de uma sexta-feira.

Tempo suficiente para:

    um pastor examinar os seus rebanhos;

    uma dona de casa limpar e organizar a sua casa;

    um médico receber um bebê do ventre da mãe e baixar a febre de um moribundo.

Seis horas. Das nove da manhã às três da tarde.

Seis horas de uma sexta-feira.

Seis horas cheias, como são todas as horas, do mistério da vida.

———

O sol luminoso do meio-dia reina nos céus da Judeia. Ao longe se vê a silhueta negra de um pastor em pé, perto de seu rebanho. Ele tem os olhos fixos no céu limpo, em busca de nuvens. Não há nenhuma.

Ele volta o olhar para seus carneiros. Estes pastam preguiçosamente na encosta pedregosa. Um sicômoro ocasional fornece sombra. O pastor senta-se na encosta e põe uma folhinha de capim na boca. Olha além do rebanho para a estrada lá embaixo.

Pela primeira vez nos últimos dias, o número de pessoas diminuiu. Por mais de uma semana um rio de peregrinos correu por esse vale, agitando-se estrada abaixo com animais e carros lotados. Durante dias ele os observou de onde estava empoleirado. Embora não os pudesse ouvir, sabia que falavam uma dezena de dialetos diferentes. E embora não lhes falasse, sabia aonde se dirigiam e porquê.

Dirigiam-se a Jerusalém. E iam sacrificar cordeiros no templo.

Ocorre-lhe que a celebração é irônica. Ruas superlotadas de gente. Mercados cheios dos sons de balido de cabritos e da venda de pássaros.

Observâncias sem fim.

O povo se delicia com as festividades. Acorda cedo e deita-se tarde. Encontra estranha satisfação na pompa.

Ele não.

Que tipo de Deus seria apaziguado pela morte de um animal?

Oh, as dúvidas do pastor jamais são expressas em alguma parte, exceto na encosta dos montes. Mas nesse dia, elas gritam.

Prenúncios de furacão

Não é a matança de animais que o perturba. É a infinidade de tudo. Quantos anos ele já viu as pessoas irem e virem? Quantas caravanas? Quantos sacrifícios? Quantas carcaças sangrentas?

Lembranças o perseguem. Lembranças de raiva descontrolada... de desejo descontrolado... de ansiedade descontrolada. Tantos erros. Tantos tropeços. Tanta culpa. Deus parece muito distante. *Cordeiro após cordeiro. Páscoa após Páscoa. Contudo, ele ainda sente-se o mesmo.*

O pastor volta a cabeça e olha novamente para o céu. Será que o sangue de mais um cordeiro realmente importará?

———

A esposa está sentada em casa. É sexta-feira. Ela está a sós. Seu marido, um sacerdote, encontra-se no templo. É hora do almoço, mas ela está sem apetite. Além disso, mal vale a pena fazer o esforço de preparar a refeição para um. Assim, ela se deixa ficar sentada e olha pela janela.

A rua estreita na frente da casa está apinhada de gente. Se ela fosse mais moça, estaria lá fora. Mesmo que não tivesse motivo para sair

21

às ruas, iria. Houve um tempo em que sentia-se com energia para essa atividade. Agora não. Agora seu cabelo está grisalho, seu rosto enrugado e ela sente-se cansada.

Durante anos celebrou as festas. Durante anos observou as pessoas. Muitos verões se passaram, levando consigo sua mocidade e deixando apenas as perplexidades que a obcecam.

Quando era moça, estava ocupada demais para refletir desta maneira. Tinha filhos a criar, refeições a preparar, horários a cumprir. Ela afastava da mente os enigmas da mesma forma como afastava para a nuca os cabelos. Mas agora seu lar está vazio. Aqueles que dela precisavam têm outros que precisam deles. Agora as perguntas são implacáveis. Quem sou? De onde vim? Aonde estou indo? Por que está acontecendo tudo isto?

———

Dentro daquela casa há muita agitação. Num aposento, um homem anda de cá para lá. Em outro, uma mulher faz força. Gotas de suor brilham em sua testa. Seus olhos se fecham, depois abrem-se. Ela ri, depois geme.

Prenúncios de furacão

O jovem médico a encoraja. "Não falta muito, não desista." Inspirando profundamente, ela se inclina para a frente e emprega sua última gota de energia. A seguir, vira o rosto para o lado, pálida e exausta.

— Você tem um filho. Ela ergue a cabeça apenas o suficiente para ver o bebê vermelho aninhado nas palmas largas do médico.

Encantado com sua tarefa, o médico limpa os olhos do bebê e sorri ao vê-los lutando por abrir-se. A criança, recém-acolhida do ventre, é devolvida à mãe.

Na próxima casa que ele visita, reina a quietude. Fora do quarto está sentada uma esposa de cabelos brancos. Dentro, encontra-se o frágil vulto do marido, ardendo em febre. Nada pode ser feito. O médico está impotente enquanto o homem exala seu último suspiro. Suspiro profundo — o peito ossudo, nu, se ergue. A boca escancara-se tanto que os lábios ficam esbranquiçados. O homem morre.

As mesmas mãos que limparam os olhos do bebê, agora fecham os olhos do morto. Tudo durante um período de seis horas de uma sexta-feira.

Ele repele as perguntas. Não tem tempo para ouvi-las hoje. Mas elas são teimosas e exigem ser ouvidas.

Por que curar os doentes apenas para adiar a morte?

Por que dar forças apenas para vê-las esvaírem-se?

Por que nascer e, em seguida, começar a morrer?

Quem aponta o dedo torto à próxima vítima da morte?

Quem é essa que com assiduidade tão regular separa a alma do corpo?

Ele dá de ombros e coloca o lençol sobre o rosto que vai ficando acinzentado.

Seis horas de uma sexta-feira.

Para o observador indiferente, as seis horas são rotineiras. Um pastor com suas ovelhas, uma dona de casa com seus pensamentos, um médico com seus pacientes. Mas para o punhado de testemunhas, o mais extraordinário dos milagres está ocorrendo.

Deus está numa cruz. O criador do universo está sendo executado.

Saliva e sangue empastam seu rosto. Os lábios estão rachados e inchados. Espinhos

Prenúncios de furacão

retalham-lhe o couro cabeludo. Os pulmões gritam de dor. Caimbras dão nós em suas pernas. Nervos estirados ameaçam romper-se enquanto a dor tange sua melodia mórbida. Contudo, a morte não está pronta. E não há ninguém para salvá-lo, porque ele está sacrificando a si mesmo.

Não são seis horas normais... não é uma sexta-feira qualquer.

Muito pior do que o quebrar do seu corpo é o dilacerar de seu coração.

Seus próprios conterrâneos clamaram por sua morte.

Seu próprio discípulo plantou o beijo de traição.

Seus próprios amigos correram para esconder-se.

E agora seu próprio Pai está começando a voltar-lhe as costas, deixando-o sozinho.

Alguém balança a cabeça e pergunta: Jesus, você nem pensa em se salvar? O que o faz ficar aí? O que o prende à cruz? Pregos não prendem deuses a madeira. O que o faz ficar ai?

———

O pastor, em pé, olha fixamente o céu que agora está enegrecido. Segundos atrás ele havia fitado o sol. Agora não há sol algum.

O ar está fresco. O céu, negro. Nenhum trovão. Nenhum relâmpago. Nenhuma nuvem. As ovelhas estão inquietas. A sensação é sinistra. O pastor, em pé, sozinho, conjetura e escuta.

O que é essa escuridão amedrontadora? Que significa esse eclipse misterioso? O que aconteceu à luz?

Há um grito na distância. O pastor volta-se para Jerusalém.

Um soldado, inconsciente de que seu impulso faz parte de um plano divino, enterra a lança no lado do corpo de um homem pendurado em uma cruz. O sangue do Cordeiro de Deus sai e purifica.

A mulher mal acabou de acender a lâmpada quando o marido entra apressado pela porta. O reflexo da chama da lâmpada dança alucinado em seus olhos arregalados. "O véu do templo...", principia ele ofegante. "Rasgado! Rompido em dois de alto a baixo!"

Um anjo negro paira sobre aquele que está na cruz do meio.

Prenúncios de furacão

Não houve delegação para essa morte, nenhum demônio para esse dever. Satanás reservou para si mesmo essa tarefa. Jubilantemente, ele passa sua mão de morte sobre esses olhos de vida.

Mas assim que o último suspiro é exalado, começa a guerra.

O abismo da terra ribomba. O jovem médico quase perde o equilíbrio.

É um terremoto — um tremor de terra que fende as rochas. Uma vibração semelhante à do estouro de uma boiada, como se as portas da prisão se tivessem aberto e os cativos estrondejem rumo à liberdade. O médico luta para manter o equilíbrio ao apressar-se de volta ao quarto daquele que acabou de falecer.

O corpo sumiu.

Seis horas de uma sexta-feira.

Permita que lhe faça uma pergunta: O que você faz com esse dia da história? O que faz com as alegações dele?

Se realmente aconteceu... se Deus realmente comandou sua própria crucificação... se realmente voltou as costas ao próprio Filho... se realmente arrombou o portal de Satanás, então essas seis horas daquela sexta-feira foram cheias de trágico triunfo. Se aquele era Deus naquela cruz, então o monte chamado Caveira é um granito cravado de estacas às quais você pode se ancorar.

Aquelas seis horas não foram seis horas normais. Foram as horas mais críticas da história. Pois durante aquelas seis horas naquela sexta-feira, Deus cravou na terra três pontos de ancoragem sólidos o bastante para suportar qualquer furacão.

Primeiro ponto de ancoragem — *Minha vida não é inútil*. Esta rocha segura o casco do seu coração. Sua única função é dar-lhe algo a que possa agarrar-se quando se defrontar com as marés enchentes da futilidade e do relativismo. Essa rocha proporciona a convicção de que a verdade existe. Há alguém no controle e eu tenho um propósito.

Segundo ponto de ancoragem — *Meus fracassos não são fatais*. Não é que ele ama o que você fez, mas ama quem você é. Você é dele.

Prenúncios de furacão

Aquele que tem o direito de condená-lo forneceu a forma de livrá-lo. Você comete erros. Deus não. E ele criou você.

Terceiro ponto de ancoragem — *Minha morte não é final*. Existe mais uma pedra à qual devo amarrar-me. Ela é grande. É redonda. E é pesada. Ela bloqueou a entrada de um túmulo. Não era, contudo, suficientemente grande. A tumba que ela selava era a tumba de alguém que estava de passagem. Ele apenas entrou a fim de provar que podia sair. E quando saiu, levou consigo a pedra e a transformou num ponto de ancoragem. Deixou-a cair no fundo das águas desconhecidas da morte. Amarre-se a essa rocha e o furacão da tumba se transformará na brisa primaveril do domingo de Páscoa.

Ali estão eles. Três pontos de ancoragem. Os pontos de ancoragem da cruz.

Oh, a propósito, o furacão Davi jamais chegou a Miami. Quando estava a trinta minutos do litoral, ele resolveu voltar-se para o norte. Os piores danos que meu barco sofreu foram as marcas de cordas infringidas pelo excesso de zelo da tripulação.

Espero que o seu furacão também não o atinja. Mas no caso de atingir, aceite o conselho do marinheiro: 'Ancore fundo, ore e segure-se firme." E não se surpreenda se alguém caminhar por cima da água para lhe estender a mão.

Primeiro ponto de ancoragem

Minha vida não é inútil

CAPÍTULO 2
A fórmula de Deus para o esgotamento

É tarde. Já passou da hora de dormir. Elas pensam que estou estudando. Pensam que eu penso que vão dormir. Mas eu é que sei. Muitas risadinhas. Muitos sussurros. Muitas idas ao guarda-roupa para pegar mais uma boneca. Muitas corridas no escuro para trocar de travesseiros.

É tarde. É hora de garotinhas estar adormecendo. Mas para Jenna, de quatro anos, e Andrea, de dois, o sono e o último item na sua lista de coisas a fazer.

Aqui está a lista.

> Andrea ainda precisa revirar de costas e deixar os pés pendurados para fora do berço um pouquinho.
>
> Jenna afofará o travesseiro, depois afofará o travesseiro e, bem, ela ainda precisa afofar mais um pouquinho.
>
> Andrea correrá de um lado da cama para o outro.

À Jenna ainda falta contar os dedos num sussurro e pedalar sua bicicleta imaginária.

E antes que o sono caia sobre elas, mais suco será pedido, outra canção será cantada e uma história será contada. Amo isso. É um jogo. Os participantes? A alegria da infância contra os olhos sonolentos. O nome do jogo? Apanhe-me se puder.

O sono está determinado a fazer o dia terminar e a alegria está determinada a esticar o dia tanto quanto possível. Um último reino encantado. Uma última risadinha. Uma última partida.

Talvez você seja assim. Talvez, se pudesse fazer as coisas a seu modo, seu dia jamais chegaria ao fim. Cada momento exige ser saboreado. Você resiste ao sono tanto quanto possível porque gosta muito de estar acordado. Se você for assim, parabéns. Se não, seja bem-vindo à maioria.

A maior parte de nós aprendemos outra maneira de ir para a cama, não aprendemos? É chamada de bater e incendiar. A vida é tão cheia de jogos que a última coisa que desejamos é outro deles quando estamos tentando

A fórmula de Deus para o esgotamento

dormir. Assim, para a maioria de nós, é adeus mundo, alô travesseiro. O sono, para muitos, não é um ladrão, mas um refúgio; oito horas de alívio para nossas almas feridas.

E se você não consegue dormir, não é por contar os dedos, mas por contar suas dívidas, tarefas, ou mesmo suas lágrimas. Você está cansado.

Está exausto.

> Exausto de ser atingido pelas ondas dos sonhos quebrados. Exausto de ser pisado e atropelado na infinda maratona rumo ao topo.

> Exausto de confiar em alguém apenas para ter essa confiança devolvida num envelope sem endereço do remetente.

> Exausto de olhar fixamente o futuro e enxergar apenas futilidades.

O que nos rouba o entusiasmo infantil? Para uma criança, as possibilidades são ilimitadas.

Então, a exaustão nos encontra. A Vila Sésamo fica congestionada pelo tráfego. Sonhos com Peter Pan são enterrados com o vovô. E o horizonte infindo da Jornada nas Estrelas fica escondido atrás da poluição e dos arranha-céus.

Qual é a fonte de tanta exaustão? Quais são os nomes desses fardos?

Neste livro, estamos examinando três. Futilidade, fracasso e fim. Os três *efes* no boletim humano. Três fardos grandes demais para qualquer ombro, pesados demais para quaisquer bíceps. Três fardos que homem algum pode carregar sozinho.

Examinemos a futilidade. Poucas coisas podem deixar a pessoa mais exausta do que o ritmo apressado da raça humana. Excessivos arrancos rumo ao sucesso. Excessivas voltas na pista rápida do terno e gravata. Excessivos bailes de máscara das oito às seis. Excessivos dias de fazer seja lá o que for preciso. Isso tudo acaba cobrando seu preço. Você fica resfolegando, equilibrando-se para não sair da pista.

E não são os relatórios feitos tarde da noite ou os inúmeros aeroportos que lhe exaurem as forças tanto quanto a pergunta que você não se atreve a admitir que está fazendo a si mesmo. *Vale a pena? Quando eu conseguir o que desejo, valerá o preço que paguei?*

Talvez fossem esses os pensamentos de um advogado de San Antonio a respeito de quem

A fórmula de Deus para o esgotamento

li recentemente. Bem-sucedido, bem pago, esposa nova, casa reformada. Mas aparentemente isso não bastava. Certo dia, ele foi para casa, apanhou um revólver do cofre, entrou num saco de dormir e tirou a própria vida. O bilhete que deixou para a esposa dizia: "Não é que eu não a ame. É apenas porque estou cansado e quero descansar."

É essa exaustão que torna as palavras do carpinteiro tão irresistíveis. Ouça-as. "Vinde a mim todos os que estais cansados e sobrecarregados, e eu vos aliviarei" (Mateus 11.28).

Vinde a mim... O convite é para irmos a ele. Por que ele?

Ele oferece o convite como rabino paupérrimo numa nação oprimida. Não tem cargo político, nenhuma relação com as autoridades em Roma. Não escreveu um livro dos mais vendidos ou tirou um diploma.

Contudo, atreve-se a fitar as faces ressequidas de lavradores e faces cansadas de donas de casa e oferecer alívio. Fita os olhos desiludidos de um ou outro pregador de Jerusalém. Contempla o olhar cínico de um banqueiro e os olhos famintos de um balconista de bar e faz esta promessa paradoxal: "Tomai sobre vós o meu jugo, e aprendei de mim, porque sou manso e humilde de coração, e encontrareis descanso para as vossas almas" (Mateus 11.29).

O povo veio. Veio das ruas isoladas e dos prédios de escritórios de seus dias. Trouxe consigo os fardos de sua existência e ele lhe deu, não religião, não doutrina, não sistemas, mas descanso.

Como resultado, eles lhe chamaram Senhor.

Como resultado, eles lhe chamaram Salvador.

Nem tanto devido ao que ele disse, mas devido ao que fez.

O que ele fez na cruz durante seis horas de uma sexta-feira.

Nas páginas seguintes, você lerá sobre diversas pessoas. Elas podem ser-lhe desconhecidas ou podem ser velhas conhecidas. Mas têm uma coisa em comum — vieram a Jesus exaustas pela futilidade da vida. Uma mulher rejeitada. Um patriarca confuso. Discípulos desorientados. Um missionário desanimado.

A fórmula de Deus para o esgotamento

Todos encontraram descanso. Encontraram pontos de ancoragem para suas almas agitadas pela tempestade. E descobriram que Jesus foi o único homem a andar na Terra de Deus e a afirmar possuir uma resposta para os fardos dos homens. "Vinde a mim", convidou-os ele.

Minha oração é a de que você também encontre descanso. E que durma como um bebê.

CAPÍTULO 3
Duas lápides

Eu havia passado de carro pelo lugar inúmeras vezes. Transitava diariamente pelo pequeno terreno quando me dirigia ao escritório. E todas as vezes dizia a mim mesmo: "Algum dia preciso parar ali."

Hoje, aquele "algum dia" chegou. Convenci uma agenda ultra-apertada a dar-me trinta minutos e dirigi-me para lá.

O cruzamento não parece em nada diferente de qualquer outro em San Antônio: uma lanchonete, um hotel, um restaurante. Mas siga para o nordeste, passe por baixo de um letreiro de ferro batido, e você se encontrará em uma ilha de história que se mantém firme contra o rio de progresso.

O nome no letreiro? Cemitério Locke Hill.

Enquanto estacionava, um céu escurecido ameaçava chuva. Uma alameda solitária me convidava a caminhar entre as mais de duzentas

Duas lápides

lápides. Os carvalhos paternais se curvavam acima de mim, fornecendo teto aos túmulos solenes. Grama alta, ainda molhada pelo orvalho matutino, roçava meus tornozelos.

As lápides, embora desgastadas pelo tempo e lascadas, estavam vivas como ontem.

Letras de mármore ou de bronze destacam os marcos e trazem nomes como Schmidt, Faustman, Grundrneyer e Eckert.

Ruth Lacey está enterrada aqui, Nasceu nos dias de Napoleão — 1807. Morreu há mais de um século —1877.

Postei-me no exato lugar em que uma mãe chorou num dia frio mais de oito décadas atrás. A lápide dizia simplesmente: "Bebê Boldt — Nasceu e morreu em 10 de dezembro, 1910."

Harry Ferguson, de dezoito anos, foi sepultado em 1883 sob estas palavras: "Dorme docemente, jovem peregrino cansado." Indaguei-me o que o deixara tão exaurido.

Em seguida, eu a vi. Estava esculpida numa lápide no canto norte do cemitério. A pedra marca o destino do corpo de Grace Llewellen Smith. Não traz a data do nascimento, não traz a data da morte. Apenas os nomes de seus dois maridos, e este epitáfio:

"Dorme, mas não descansa.
Amou, mas não foi amada.
Tentou agradar, mas não agradou.
Morreu como viveu — sozinha."

Palavras de futilidade.

Fitei o marco e pus-me a conjeturar a respeito de Grace Llewellen Smith. Conjeturei a respeito de sua vida. Conjeturei se ela havia escrito aquelas palavras... ou apenas vivido o que elas diziam. Conjeturei se ela mereceu a dor. Conjeturei se foi amarga ou derrotada. Conjeturei se foi feiosa. Conjeturei se foi linda. Conjeturei o porquê de algumas vidas serem tão frutíferas enquanto outras são tão inúteis.

Quando percebi, estava conjeturando em voz alta: "Senhora Smith, o que lhe quebrou o coração?"

Gotas de chuva manchavam a tinta enquanto eu copiava as palavras.

Amou, mas não foi amada...

Longas noites. Camas vazias. Silêncio. Nenhuma resposta a mensagens deixadas. Ne-

Duas lápides

nhum retorno a cartas escritas. Nenhum amor em troca de amor dado.

Tentou agradar, mas não agradou...

Eu podia ouvir a machadinha do desapontamento.

"Quantas vezes preciso lhe dizer?" Zape.

"Você nunca será nada." Zape. Zape.

"Por que não consegue fazer nada certo?" Zape, zape, zape.

Morreu como viveu — sozinha.

Quantas Grace Llewellen Smiths há? Quantas pessoas morrerão na solidão em que vivem? Os desabrigados de Atlanta. O frequentador dos bares de Londres. A mendiga de São Paulo. O pregador de Nashville. Qualquer pessoa que duvide ser necessária ao mundo. Qualquer pessoa convencida de que ninguém realmente se importa.

Qualquer pessoa a quem tenha sido dada uma aliança, mas nunca um coração; uma crítica, nas nunca uma oportunidade; uma cama, mas nunca o descanso.

Essas são as vítimas da futilidade.

E a menos que alguém intervenha, a menos que algo aconteça, o epitáfio de Grace Smith será o delas também.

É por isso que a história que você está prestes a ler é significativa. É a história de outra lápide. Desta vez, contudo, a lápide não marca a morte de uma pessoa — marca o nascimento.[1]

Seus olhos se entrefecham contra o sol do meio-dia. Seus ombros se curvam sob o peso do cântaro d'água. Seus pés se arrastam, levantando pó pelo caminho. Ela mantém os olhos abaixados a fim de evitar os olhares das outras pessoas.

É samaritana; conhece a ferroada do racismo. É mulher; já bateu a cabeça no teto da discriminação sexual. Foi casada com cinco homens. Cinco. Cinco casamentos diferentes. Cinco camas diferentes. Cinco rejeições diferentes. Ela conhece o som de portas batendo.

Sabe o que significa amar e não receber nenhum amor em troca. Seu companheiro atual nem mesmo lhe dá seu nome. Apenas lhe dá um lugar para dormir.

[1] Esta história é encontrada em João 4.1-42.

Duas lápides

Se há uma Grace Llewellen Smith no Novo Testamento, é esta mulher. O epitáfio de insignificância podia ter sido o dela. E teria sido, a não ser por aquele encontro com um estranho.

Nesse dia particular, ela se dirigiu ao poço no meio do dia. Por que não fora de manhã cedo com as outras mulheres? Talvez houvesse ido. Talvez apenas precisasse tirar água mais uma vez num dia quente. Ou talvez não. Talvez fossem as outras mulheres que ela estivesse evitando. Uma caminhada sob o sol quente era preço pequeno a pagar para escapar de suas línguas ferinas.

— Aí vem ela.

— Você soube? Ela tem outro homem!

— Dizem que ela dorme com qualquer um.

— Psiu. Aí está ela.

Assim a mulher foi ao poço no meio do dia. Esperava silêncio. Esperava isolamento. Em vez disso, encontrou alguém que a conhecia melhor do que ela própria.

Ele estava sentado no chão: pernas estiradas, mãos cruzadas, costas descansando de encontro ao poço. Os olhos estavam fechados. Ela se deteve e olhou-o. Olhou os arredores.

Ninguém por perto. Voltou a olhá-lo. Obviamente era judeu. O que fazia ali? Os olhos dele se abriram e os dela se desviaram encabulados. Ela se ocupou rapidamente de sua tarefa.

Percebendo seu mal-estar, Jesus pediu-lhe água. Mas ela era demasiadamente experiente da vida para pensar que tudo o que ele queria era um pouco de água. "Desde quando um sujeito refinado como você pede água a uma moça como eu?" Ela queria saber o que ele de fato tinha em mente. Sua intuição estava parcialmente correta. Ele estava interessado em seu coração.

Conversaram. Quem podia lembrar-se da última vez em que um homem lhe havia falado com respeito?

Ele lhe falou acerca de uma fonte de água que saciaria, não a sede da garganta, mas a da alma.

Isso a intrigou.

— Senhor, dê-me dessa água para que eu não mais tenha sede, nem precise vir aqui buscá-la.

— Vá, chame seu marido, e venha cá.

O coração dela deve ter-se afundado. Ali estava um judeu que não se importava que ela

Duas lápides

fosse samaritana. Ali estava um homem que não a menosprezava por ela ser mulher. Ali estava a atitude mais próxima da meiguice que jamais presenciara. E agora ele lhe perguntava acerca... de seu marido.

Tudo menos isso. Talvez ela tivesse a ideia de mentir. "Oh, meu marido? Está ocupado." Talvez quisesse mudar de assunto. Talvez quisesse ir embora — mas ficou. E falou a verdade.

— Não tenho marido. — (A bondade tem um jeito de atrair a honestidade.)

Você provavelmente conhece o resto da história. Gostaria que não conhecesse. Gostaria que a estivesse ouvindo pela primeira vez. Pois se estivesse, estaria de olhos arregalados enquanto esperava para ver o que Jesus faria em seguida. Por quê? Por já ter desejado fazer a mesma coisa.

Você já desejou remover a sua máscara. Desejou deixar de fingir. Perguntou-se o que Deus faria se você abrisse a porta coberta de teia de aranha do seu pecado secreto.

Essa mulher perguntou-se o que Jesus faria. Deve ter-se perguntado se a bondade cessaria quando a verdade fosse revelada. *Ele ficará bravo. Irá embora. Pensará que não valho nada.*

Se você já teve essas mesmas ansiedades, então apanhe seu lápis. Vai querer sublinhar a resposta de Jesus.

— Tem razão. Você já teve cinco maridos, e o homem com quem está agora nem mesmo lhe dá um nome.

Nenhuma crítica? Nenhuma braveza? Nenhuma repreensão daquelas que tipo de embrulhada você fez com a sua vida?

Não. Não era perfeição que Jesus buscava, era honestidade.

A mulher ficou estupefata.

— Vejo que o senhor é profeta. — Tradução? "Há algo diferente a seu respeito. Há problema se eu lhe perguntar uma coisa?"

Em seguida, ela fez a pergunta que revelou o buraco escancarado em sua alma.

— Onde está Deus? O meu povo diz que ele está no monte. Seu povo diz que ele está em Jerusalém. Não sei onde ele está.

Eu daria qualquer coisa para ver a expressão no rosto de Jesus quando ouviu essas pa-

Duas lápides

lavras. Será que seus olhos lacrimejaram? Será que ele sorriu? Será que olhou para as nuvens e piscou para seu pai? De todos os lugares, onde encontrar um coração faminto — em Samaria?

De todos os samaritanos que buscavam a Deus — uma mulher?

De todas as mulheres com apetite insaciável por Deus — uma divorciada cinco vezes?

E de todas as pessoas escolhidas para receber pessoalmente o segredo das eras — uma desprezada entre desprezados? A pessoa mais "insignificante" da região?

Extraordinário. Jesus não revelou o segredo ao rei Herodes. Não pediu audiência com o Sinédrio e contou-lhe as novas. Não foi dentro das colunatas de um tribunal romano que ele anunciou sua identidade.

Não, foi à sombra de um poço, numa terra rejeitada, a uma mulher condenada ao ostracismo. Os olhos dele devem ter brilhado muito quando sussurrou seu segredo.

— Eu sou o Messias.

A frase mais importante no capítulo é uma que pode facilmente passar despercebida.

"Então, deixando o seu cântaro, a mulher foi à cidade e disse ao povo: Vinde, vede um homem que me disse tudo o que tenho feito. Poderia ser este o Cristo?" (João 4.28,29).

Não perca o drama do momento. Veja os olhos dela, arregalados de espanto. Ouça-a quando ela luta por encontrar as palavras. "É-é-é-é-é o-o M-m-m-messias!" E observe quando ela se coloca apressadamente em pé, dá uma última olhadela a esse Nazareno sorridente, volta-se e dá de encontro com o peito robusto de Pedro. Ela quase cai, recobra o equilíbrio, e sai em disparada rumo à sua cidade.

Você notou do que ela se esqueceu? Esqueceu-se do cântaro. Deixou para trás o jarro que havia causado o curvar de seus ombros. Deixou para trás o fardo que havia trazido.

Subitamente a vergonha dos romances esfarrapados se desvaneceu. Subitamente a insignificância de sua vida foi engolida pelo significado do momento. "Deus está aqui! Deus veio! Deus se importa... comigo!"

Foi por isso que ela se esqueceu do cântaro. Foi por isso que ela correu à cidade. Foi por isso que ela agarrou a primeira pessoa que

Duas lápides

passava e anunciou sua descoberta: — Acabei de conversar com um homem que sabe tudo o que fiz... e me ama mesmo assim!

Os discípulos ofereceram alimento a Jesus. Ele recusou-o — estava emocionado demais! Havia acabado de realizar aquilo que ele sabe fazer de melhor. Tomou uma vida que vagueava e deu-lhe direção.

Estava exultante com isto!

— Olhem! — anunciou ele aos discípulos, apontando a mulher que corria para o povoado.

— Erguei os vossos olhos, e vede os campos! Já estão brancos para a ceifa. (João 4.35).

Quem poderia pensar em alimentar-se numa hora dessas?

———

Para alguns de vocês a história dessas duas mulheres é comovente, mas remota. Talvez você tenha uma família estável. Precisam de você e você sabe disso. Tem mais amigos do que pode visitar e mais tarefas do que consegue desempenhar.

Não é a insignificância que será entalhada em sua lápide.

Dê graças por isso.

Mas outros são diferentes. Você se deteve diante do epitáfio porque era o seu. Você vê a face de Grace Smith quando olha no espelho. Sabe porque a samaritana evitava gente. Você faz o mesmo.

Sabe o que é não ter ninguém assentando-se ao seu lado no refeitório. Pergunta-se como seria ter um bom amigo. Já amou e indaga se vale a pena a dor de amar novamente.

E você também já se perguntou onde Deus está.

Tenho uma amiga chamada Joy, que leciona a crianças carentes numa igreja do centro de certa cidade. Sua classe é um grupo animado de crianças de nove anos que amam a vida e não têm medo de Deus. Há, entretanto, uma exceção — uma garota tímida que se chama Bárbara.

A vida difícil que leva em casa deixou-a amedrontada e insegura. Durante várias semanas em que minha amiga lecionava àquela classe, Bárbara jamais falou. Nunca. Enquanto as outras crianças conversavam, ela ficava sentada. Enquanto as outras cantavam ela olhava, silenciosa. Enquanto as outras davam risadinhas, ela ficava quieta.

Duas lápides

Sempre presente. Sempre ouvindo. Mas sempre muda.

Até o dia em que Joy deu uma aula sobre o céu. Joy falou a respeito de ver a Deus. Falou a respeito de olhos sem lágrimas e vidas sem morte.

Bárbara ficou fascinada. Não desgrudava de Joy o olhar fixo.

Ela ouviu faminta. Depois, ergueu a mão.

— Dona Joy?

Joy ficou estupefata. Bárbara jamais havia feito pergunta alguma.

— Sim, Bárbara?

— O céu é para meninas como eu?

Novamente, eu daria qualquer coisa para ter visto o rosto de Jesus quando essa oraçãozinha chegou ao seu trono. Pois, de fato, isso é o que foi — uma oração.

Uma oração fervorosa pedindo que um Deus bom no céu se lembrasse de uma alma esquecida na terra. Uma oração para que a graça de Deus penetrasse pelas rachaduras e cobrisse alguém que a igreja permitiu escapar. Uma oração para que uma vida que ninguém mais pode usar, seja tomada e usada de uma forma que ninguém mais pode fazê-lo.

Não uma oração de um púlpito, mas a de uma cama numa clínica de convalescença. Não uma oração feita confiantemente por um seminarista de toga preta, mas uma sussurrada temerosamente por um alcoólatra em recuperação.

Uma oração para que se fizesse o que Deus faz como ninguém mais sabe fazer: tomar o comum e transformá-lo em espetacular. Tomar novamente a vara e dividir o mar. Tomar um pedregulho e matar um Golias. Tomar água e fazer vinho espumante. Tomar o almoço de um camponezinho e alimentar uma multidão. Tomar lama e restaurar a vista. Tomar três cravos e uma viga de madeira e transformá-los na esperança da humanidade. Tomar uma mulher rejeitada e fazer dela uma missionária.

Há duas sepulturas neste capítulo. A primeira é a sepultura solitária no cemitério Locke Hill, a sepultura de Grace Llewellen Smith. Ela não conheceu o amor. Não conheceu a gratificação. Conheceu apenas a dor

Duas lápides

da talhadeira enquanto esculpia este epitáfio em sua vida.

"Dorme, mas não descansa.
Amou, mas não foi amada.
Tentou agradar, mas não agradou.
Morreu assim como viveu — sozinha."

Essa, contudo, não é a única sepultura nesta história. A segunda está perto de um poço de água. A lápide? Um cântaro. Um cântaro esquecido. Não contém palavras, mas tem grande significado — pois é o lugar em que está enterrada a insignificância.

CAPÍTULO 4
Prova viva

— Jenna, acorde, está na hora de ir à escola.

Ela ouvirá essas palavras milhares de vezes na vida. Mas ouviu-as pela primeira vez esta manhã.

Sentei-me na beira de sua cama algum tempo antes de dizê-las. Para falar a verdade, não queria dizê-las. Não queria acordá-la. Uma estranha hesitação pairava sobre mim ao sentar-me ali na escuridão da madrugada. Envolto pelo silêncio, percebi que minhas palavras a despertariam para um novo mundo.

Por quatro anos relâmpagos ela havia sido nossa, e apenas nossa. E agora tudo isso ia mudar.

Colocamo-la na cama ontem à noite como "nossa menina" — propriedade exclusiva de mamãe e papai. Mamãe e papai liam para ela, ensinavam-na, ouviam-na. Mas a partir de hoje, alguém mais também o faria.

Prova viva

Até hoje, eram mamãe e papai que limpavam as lágrimas e faziam os curativos. Mas a partir de hoje, alguém mais também o faria.

Eu não queria despertá-la.

Até hoje, sua vida era essencialmente nós — mamãe, papai e a irmãzinha caçula Andrea. Hoje essa vida se ampliaria — novos amigos, uma professora. Seu mundo era esta casa — o quarto, os brinquedos, o balanço. Hoje seu mundo se expandiria. Ela adentraria os átrios sinuosos da educação — pintar, ler, calcular... crescer.

Eu não queria despertá-la. Não por causa da escola. É uma boa escola. Não porque não desejo que ela aprenda. Deus sabe que desejo que ela cresça, leia, amadureça. Não porque ela não deseje ir. Ela não tem falado noutra coisa além da escola nesta última semana!

Não, não queria acordá-la porque não queria entregá-la.

Mas acordei-a mesmo assim. Interrompi sua infância com a proclamação inevitável:

— Jenna, acorde... está na hora de ir à escola.

Levei a vida toda para me vestir. Denalyn me viu amuado por ali e ouviu-me cantarolando *Sunrise, Sunset* (Aurora, Ocaso) e disse:

— Você nunca aguentará o casamento dela.

Ela tem razão.

Levamo-la à escola em dois carros para que eu pudesse dirigir-me diretamente ao serviço. Convidei Jenna para ir comigo. Achei que ela precisaria de um pouquinho de afirmação paterna. Conforme ficou patente, era eu quem precisava de afirmação.

Para alguém dedicado à arte das palavras, encontrei muito poucas para dizer à minha filha. Disse-lhe que se divertisse. Disse-lhe que obedecesse a professora. Disse-lhe:

Se se sentir sozinha ou amedrontada, diga à sua professora para me chamar e virei buscá-la.

— Está bom — sorriu ela. Então, pediu-me se podia ouvir uma fita de músicas infantis.

— Tudo bem — falei.

Assim, enquanto ela entoava canções, eu me esforçava para não chorar. Observei-a enquanto ela cantava. Parecia crescida. O pescocinho se espichava tão alto quanto podia para olhar por cima do painel. Os olhos estavam famintos e brilhantes. As mãos estavam cruzadas no colo. Os pés, calçando novíssimos tênis rosa e turquesa, mal se estendiam além do assento.

Prova viva

> É esta a menininha que carreguei?
> É esta a criancinha que brincava?
> Não me lembro de ter ficado mais velho.
> Quando foi que fiquei assim?
> Quando ela passou a ser tão linda?
> Quando passei a ser tão alto?
> Não era ontem mesmo que eram os pequeninos?
> Aurora, ocaso; aurora, ocaso;
> Tão depressa voam os dias.[2]

Denalyn tinha razão — resmunguei comigo mesmo — nunca aguentarei o casamento dela.

Em que ela está pensando? conjeturei. *Será que sabe como é alta esta escada da educação que começará a subir agora?*

Não, ela não sabia. Mas eu sabia. Quantas lousas esses olhos verão? Quantos livros essas mãos segurarão? Quantos professores esses pés seguirão e — engulo em seco — imitarão?

---

[2] **Sunrise, Sunset**. Jerry Bock, Sheldon Harnick. Direitos autorais 1964. Alley Music Corp. E Trio Music Co. Inc. Todos os direitos reservados. Usado com permissão.

Se estivesse em meu poder, teria, naquele exato momento, reunido todas as centenas de professores, instrutores, treinadores e tutores que ela teria durante os próximos dezoito anos e anunciaria:

— Ela não é uma aluna comum. É a minha filha. Cuidado com ela!

Quando estacionei e desliguei o motor, minha menina crescida tornou-se pequenina outra vez. E foi a voz de uma menina muito pequenininha que quebrou o silêncio.

— Paizinho, não quero sair.

Fitei-a. Os olhos que haviam estado a brilhar, agora refletiam medo. Os lábios que haviam estado a cantar, agora tremiam.

Lutei contra um impulso extraordinário de conceder-lhe o que pedia. Tudo em meu íntimo queria dizer: "Está bem, vamos esquecer tudo isto e dar o fora daqui." Por um momento breve, eterno, considerei sequestrar as minhas próprias filhas, agarrar a minha esposa e escapar a essas horrendas patas do progresso, e viver para sempre nos Himalaias.

Mas eu sabia que não podia. Sabia que era chegada a hora. Sabia que era certo. E sabia

Prova viva

que ela estaria bem. Mas jamais pensei que seria tão duro dizer:

— Benzinho, você ficará bem. Venha, eu a carregarei.

E ela ficou. Um passo para dentro da classe e o gato da curiosidade apoderou-se dela. Eu me afastei. Entreguei-a. Não muito. E não tanto quanto terei de fazer no futuro. Mas entreguei-a tanto quanto pude hoje.

Enquanto eu caminhava de volta ao carro, um versículo apoderou-se de mim. Era uma passagem que eu havia estudado antes. Os acontecimentos de hoje transpuseram-na da teologia branca e preta para a realidade colorida.

> "Que diremos, pois, a estas coisas? Se Deus é por nós, quem será contra nós? Aquele que nem mesmo a seu próprio Filho poupou, antes o entregou por todos nós, como não nós dará também com ele todas as coisas?" (Romanos 8.31,32).

Foi assim que Deus se sentiu? O que eu senti hoje de manhã é de alguma forma parecido com o que o Senhor sentiu quando entregou seu Filho?

Se foi, isso explica muita coisa. Explica a proclamação dos anjos aos pastores nas cercanias de Belém. (Um pai orgulhoso anunciava o nascimento de um filho.)

Explica a voz no batismo de Jesus: "Este é meu filho..." (O Senhor fez o que eu queria fazer mas não pude.)

Explica a transfiguração de Moisés e Elias no alto do monte. (O Senhor os enviou para encorajá-lo.)

E explica como o seu coração deve ter doído quando ouviu a voz entrecortada de seu filho: "Pai, passa de mim este cálice".

Eu estava soltando Jenna dentro de um ambiente seguro com uma professora compassiva e pronta para enxugar quaisquer lágrimas. Mas o Senhor soltou Jesus em uma arena hostil com um soldado cruel que transformou as costas do seu Filho em carne viva.

Eu me despedi de Jenna sabendo que ela faria amizades, riria, desenharia figuras. O Senhor despediu-se de Jesus sabendo que cuspiriam nele, caçoariam dele e o matariam.

Entreguei minha filha plenamente ciente de que se ela precisasse de mim, eu estaria ao

Prova viva

seu lado num instante. O Senhor despediu-se de seu Filho plenamente ciente de que quando ele mais precisasse do Pai, quando seu brado de desespero rugisse pelos céus, o Pai ficaria em silêncio. Os anjos, embora em posição de alerta máximo, não receberiam nenhuma ordem sua. Seu Filho, embora em angústia, não sentiria nenhum conforto vindo das mãos do Pai. "Ele deu o melhor que tinha", raciocina Paulo. "Por que duvidaríamos do seu amor?"

Antes que o dia terminasse, sentei-me em silêncio uma segunda vez. Desta vez, porém, não ao lado de minha filha, mas diante do meu Pai. Desta vez, não triste por causa do que eu tinha de dar, mas grato por aquilo que já havia recebido — a prova viva de que Deus se importa.

CAPÍTULO 5
Tochas chamejantes e promessas vivas

Dúvida. É vizinha intrometida. Visita indesejada. Hóspede chata. Justamente quando você estava preparado para um fim de semana de descontração... justamente quando tirou as roupas de trabalho e se enfiou numa bermuda... justamente quando acabou de armar a rede e sentou-se com uma revista e um copo de chá geladinho... a voz dela lhe interrompe os pensamentos.

— Ei, Beto. Tem um tempinho? Tenho algumas perguntas. Não quero ser chata, Beto, mas como pode acreditar que um Deus grande possa ligar a mínima para você? Não acha que está sendo presunçoso em pensar que Deus deseja que você vá para o céu?

— Pode pensar que está em bons termos de amizade com o fulano lá de cima, mas não se está esquecendo daquela viagem de negócios a Recife? Acha que ele não vai lhe pedir contas dela?

Tochas chamejantes e promessas vivas

— Como sabe que Deus dá bola para você, afinal de contas?

Leitor amigo, você tem uma vizinha como essa?

Ela lhe azucrinará o juízo. Ela o irritará. Criticará seu julgamento. Chutará de baixo de você o barquinho no qual sentado e se recusará a ajudá-lo a erguer-se. Ela lhe dirá que não acredite no invisível, apesar de não lhe oferecer resposta alguma para tudo o que é inadequado rio visível.

É uma mentirosa fingida, de duas caras, trapaceira. Seu objetivo não é o de convencê-lo mas o de confundi-lo. Ela não oferece soluções, apenas suscita perguntas.

Não deixe que ela o engane. Embora possa falar o jargão corrente, não é nenhuma recém-chegada. Suas primeiras sementes de dúvida foram semeadas no Jardim do Éden, no coração de Eva.

Lá estava Eva sentada, apreciando as árvores, bebericando algum refresco e tomando uns raios de sol quando notou um par de olhos brilhantes fitando-a por cima dos arbustos.

Depois de um pouco de conversa fiada, ela se colocou entre Eva e o sol e lançou sua primeira sombra de dúvida. "É assim que Deus disse: Não comereis de toda árvore do jardim?" (Gênesis 3.1).

Nenhuma cólera. Nenhuma placa de piquete. Nenhuma demonstração do tipo "Deus está morto". Apenas perguntas.

Recebeu alguma visita dessa fulana ultimamente? Se perceber que está indo à igreja para ser salvo e não porque está salvo, tem estado a dar-lhe ouvidos. Se perceber estar duvidando de que Deus possa perdoá-lo *outra vez* por *aquilo*, alguém lhe vendeu gato por lebre. Se você estiver sendo mais cínico a respeito dos cristãos do que sincero a respeito de Cristo, então adivinhe quem veio para jantar.

Sugiro que coloque uma tranca no seu portão. Sugiro que coloque uma placa de "Entrada Proibida" na sua porta. Também sugiro que dê uma olhada no encontro entre alguém a quem a dúvida assaltava de tempos em tempos, e um Deus fiel.

Abraão ou Abrão, como era conhecido na época, achava as promessas de Deus tão fáceis

Tochas chamejantes e promessas vivas

de engolir quanto um osso de frango. Que promessa? A de que seus descendentes seriam tão numerosos quanto as estrelas. O problema? Nenhum filho. "Não é problema", veio a resposta de Deus.

Abraão olhou para Sara, sua esposa, enquanto ela, de camisola e chinelos, se arrastava por ali com a ajuda de uma bengala. O osso de frango se enroscou por alguns minutos, mas eventualmente deslizou garganta abaixo.

Justamente quando se voltava para convidar Sara para um jantar à luz de velas, ele ouviu a promessa número dois.

— Abrão.

— Sim, Senhor?

— Toda esta terra será sua.

Imagine Deus lhe dizendo que seus filhos um dia serão os proprietários da Avenida Paulista, e você compreenderá porque Abrão hesitou.

— Quanto a essa promessa, Pai, preciso de um pouco de ajuda.

E um pouco de ajuda foi dada.

———

É uma cena curiosa.

Crepúsculo. O céu é um macio teto azul com diamantes cintilantes. O ar está fresco. Os animais no pasto estão quietos. As árvores são silhuetas. Abrão cochila debaixo de uma árvore. Seu sono é agitado.

É como se Deus estivesse permitindo que a dúvida de Abrão percorresse seu curso. Nos sonhos, Abrão é forçado a enfrentar a loucura disso tudo. As vozes da dúvida falam convincentemente.

Como sei que Deus está comigo?

E se tudo isto for um embuste?

Como saber se é Deus quem está falando?

A espessa e terrível escuridão da dúvida.

A mesma escuridão que você sente quando se senta num banco polido de uma capela para o serviço fúnebre e ouve o obituário de alguém a quem ama mais do que a vida.

A mesma escuridão que você sente quando ouve as palavras: "O tumor é maligno. Precisamos operar."

A mesma escuridão que cai sobre você quando percebe que acabou de ter uma explosão de mau gênio... outra vez.

Tochas chamejantes e promessas vivas

A mesma escuridão que você sente quando percebe que o divórcio que nunca desejou está finalizado.

A mesma escuridão na qual Jesus bradou: "Meu Deus, meu Deus, por que me desamparaste?"

Palavras apropriadas. Pois quando duvidamos, Deus parece muito distante.

Qual foi exatamente o motivo pelo qual ele escolheu chegar tão perto?

Deus havia dito a Abrão que tomasse três animais, cortasse-os ao meio e arranjasse as metades de frente umas para as outras. Para nós a ordem é misteriosa. Para Abrão, não. Ele havia visto a cerimônia antes. Participara dela. Havia selado muitas alianças ao caminhar pelo meio das carcaças divididas e declarar: "Possa o que aconteceu a estes animais acontecer também comigo se eu deixar de cumprir a minha palavra" (Jeremias 34.18).

É por isso que seu coração deve ter deixado momentaneamente de bater quando viu as luzes na escuridão passando no meio das carcaças. O suave brilho dourado das brasas no fogareiro e as chamas corajosas da tocha. O que significavam?

O Deus invisível havia chegado perto para fazer sua promessa inabalável. "À tua descendência dei esta terra" (Gênesis 15.18).

E embora o povo de Deus frequentemente se esquecesse do seu Deus, Deus não se esqueceu dele. Manteve a sua palavra. Seu povo tomou posse da terra.

Deus não desistiu. Ele nunca desiste.

Quando José foi jogado num buraco pelos próprios irmãos, Deus não desistiu.

Quando Moisés disse: "Eis-me aqui, envia a Arão", Deus não desistiu.

Quando os israelitas libertos quiseram a escravidão egípcia em vez de leite e mel, Deus não desistiu.

Quando Arão fez um deus falso no exato momento em que Moisés estava com o Deus verdadeiro, Deus não desistiu.

Quando apenas dois dos dez espias acharam que o Criador era suficientemente poderoso para livrar as criaturas, Deus não desistiu.

Quando Sansão sussurrou para Dalila, quando Saul seguiu rugindo no encalço de

Tochas chamejantes e promessas vivas

Davi, quando Davi maquinou contra Urias, Deus não desistiu.

Quando a palavra de Deus ficou esquecida e os ídolos dos homens postaram-se brilhantes, Deus não desistiu.

Quando os filhos de Israel foram levados ao cativeiro, Deus não desistiu.

Ele poderia ter desistido. Poderia ter voltado as costas. Poderia ter-se afastado da medonha bagunça, mas não o fez. Ele não desistiu.

Quando ele se fez carne e foi vítima de uma tentativa de assassinato antes dos dois anos de idade, não desistiu.

Quando as pessoas de sua cidade natal tentaram precipitá-lo do alto de um monte, ele não desistiu.

Quando seus irmãos o ridicularizaram, ele não desistiu. Quando foi acusado de blasfemar contra Deus por pessoas que não temiam a Deus, ele não desistiu.

Quando Pedro adorou-o na ceia e amaldiçoou-o junto à fogueira, ele não desistiu.

Quando pessoas lhe cuspiram na face, ele não cuspiu de volta. Quando espectadores o esbofetearam, ele não os esbofeteou. Quando um açoite lhe abriu os lados, ele não se voltou e ordenou que anjos de prontidão enfiassem aquele açoite goela abaixo naquele soldado.

E quando mãos humanas cravaram as mãos divinas a uma cruz, não eram os soldados que firmavam as mãos de Jesus. Era Deus quem as firmava. Pois aquelas mãos feridas eram as mesmas mãos invisíveis que haviam carregado o fogareiro e a tocha dois mil anos antes. Eram as mesmas mãos que haviam levado luz à espessa e terrível escuridão de Abraão. Elas haviam voltado para fazer o mesmo novamente.

Assim, a próxima vez que aquela vizinha irritante chegar, escolte-a para fora. Fora até o monte. Fora até o Calvário. Fora até a cruz onde, com sangue santo, a mão que carregou a tocha escreveu a promessa: "Deus entregaria seu único filho antes de desistir de você."

CAPÍTULO 6
Mensagens angelicais

Eu tinha todo o direito de estar zangado. Se você tivesse enfrentado uma semana como a minha, também teria ficado zangado.

Meus problemas começaram na noite de domingo. Eu ainda morava no Brasil e levava alguns parentes ao sul daquele país para ver as Cataratas de Iguaçu. Um voo cancelado deixou-nos encalhados por diversas horas no aeroporto de São Paulo. Sem nenhum aviso. Sem nenhuma explicação. Apenas uma notificação quando estávamos aterrisando de que o avião que iríamos tomar não ia a parte alguma. Se quiséssemos, podíamos esperar duas horas e tomar o próximo.

"Se quiséssemos!" Grrrr.

Quando chegamos ao hotel, chovia. Choveu até o dia da volta.

Determinado a filmar as cataratas, carreguei minha filmadora de vídeo por quase dois quilômetros no meio de um temporal. Não estou falando de uma garoa ou um chuvisqueiro ou uma pancada, estou falando de um aguaceiro cegante. Quando cheguei às cataratas, percebi que havia deixado a máquina ligada e filmado o interior da bolsa, por isso a pilha tinha descarregado.

Quando voltei ao hotel, percebi que a chuva havia estragado a filmadora. Qual a extensão do estrago? Trezentos dólares de estrago. Era quarta-feira. A semana ainda não havia terminado.

Quando voltei ao Rio, fiquei sabendo que Denalyn havia dito à família dela que iríamos passar o Natal daquele ano com eles. Eu já dera minha palavra à minha família que iríamos passar as festas com eles.

Quinta-feira foi o dia decisivo. Denalyn me ligou em casa. Nosso carro estava quebrado. O carro que momentos antes estava em ótimas condições. O carro que o revendedor havia garantido valer muito mais do que tínhamos pago. O carro que o revendedor havia jurado não ter nenhum problema. Quebrou. Na cidade. Outra vez. No meu dia de folga.

Fui a pé ao *shopping center*. Não falei com ninguém. Ninguém se atreveu a falar comigo.

Mensagens angelicais

Sentei-me no carro e tentei dar partida. Não tive sorte. Quando virei a chave na ignição, tudo o que conseguia ouvir eram as promessas do revendedor e o tilintar da máquina registradora do mecânico. Passei uma hora lutando com um carro quebrado num estacionamento.

Por fim chamei o mecânico. O guincho estava ocupado. Será que eu podia esperar uns minutos? No Brasil, a palavra *minutos* pode ser traduzida melhor por "anos". Assim, esperei. E esperei. E esperei. Meus filhos cresceram e tiveram seus próprios filhos e eu ainda esperava.

Enfim, quando o sol já se punha, o guincho apareceu. "Coloque em ponto morto", instruíram-me. Ao entrar no carro, pensei: *Bem que eu poderia tentar mais uma vez*. Virei a chave na ignição. Adivinhe o que aconteceu? Acertou. O carro pegou.

Isso deveria ter sido boa notícia. E foi, até que vi o motorista do guincho sem pressa alguma de ir embora. Queria ser pago.

— Pelo quê? — implorei.

— É culpa minha se o seu carro pegou? — replicou ele.

Foi muito bom que eu não soubesse dizer "vigarista" em português. Assim, paguei-lhe para me ver dar partida no meu carro.

Imediatamente levei o carro ao mecânico. Enquanto dirigia, dois demônios chegaram e se empoleiraram no meu ombro. O fato de eu não poder vê-los em nada os tornava menos reais. Eu podia ouvi-los — eles falavam a linguagem do Mentiroso.

Um era a raiva. Se havia alguma coisa de que eu não estivesse com raiva naquele momento, ele deu um jeitinho para que eu ficasse. Minha lista de ofensas tornou-se longa e feia.

O outro era a autopiedade. Nossa, que ouvido atento ele encontrou. Eu não havia tido apenas uma semana ruim, ele me fez lembrar que havia sido atormentado por uma vida ruim! Nasci com a desvantagem de ter sardas e cabelos ruivos. Sempre lerdo demais para corridas. Jamais fui considerado como "o que tem maior probabilidade de sucesso". E agora, um missionário sofrendo em terra estranha.

Raiva num ouvido e autopiedade no outro... se em seguida eu não tivesse visto o que vi, quem pode saber o que eu teria feito?

Mensagens angelicais

Ele não parecia um anjo. De fato, parecia tudo menos anjo. Mas sei que era um anjo, pois somente anjos trazem esse tipo de mensagem.

Ele bateu na janela do carro.

— Trocadinho, senhor? —

Tinha, no máximo, nove anos. Sem camisa. Descalço. Sujo. Tão sujo que eu não podia dizer se usava shorts ou não. O cabelo estava emaranhado. A pele encrostada. Abaixei a janela. As vozes em meu ombro se calaram.

— Como se chama? — perguntei.

— José.

Olhei para a calçada. Dois outros órfãos das ruas caminhavam na direção dos carros que estavam atrás de mim. Estavam nus, exceto por esfarrapados shorts de ginástica.

— São seus irmãos? — perguntei.

— Não, só amigos.

— Já conseguiu muito dinheiro hoje?

Ele abriu uma mão suja cheia de moedas. Dinheiro suficiente, talvez, para um refrigerante.

Apanhei a carteira e tirei o equivalente a um dólar. Seus olhos brilharam. Os meus marejaram. O sinaleiro mudou e os carros atrás de mim buzinaram. Ao me afastar, vi-o correndo para contar aos amigos o que ele havia recebido.

As vozes em meu ombro não se atreveram a dizer palavra alguma. Nem eu. Nós três continuamos em silêncio envergonhado.

Achei que já havia dito o bastante. E Deus havia escutado cada palavra.

E se Deus tivesse atendido aos meus resmungos? E se ele tivesse dado ouvido às minhas reclamações? Poderia ter feito isso. Poderia ter respondido às minhas orações murmuradas descuidadamente. E se ele tivesse escolhido fazê-lo, um protótipo da resposta havia acabado de aparecer à minha porta.

"Não quer ter de mexer com companhias aéreas? Este menino não tem esse problema. Frustrado com a sua filmadora de vídeo? Essa é uma dor de cabeça que este menino não tem. Ele pode ter de se preocupar com o jantar desta noite, mas não tem de se preocupar com filmadoras de vídeo. E família? Estou certo de que este órfão aceitaria com todo o prazer uma das suas famílias se você estiver ocupado demais para apreciá-las. E carros? Sim, são uma amolação, não são? Você deveria tentar o meio de transporte deste menino: pés descalços."

Mensagens angelicais

Deus enviou o menino com uma mensagem. E a essência do que o menino demonstrou era afiada como uma navalha.

"Está chorando por causa de champanhe derramada."

"Suas reclamações não são causadas pelas necessidades, mas pela abundância de benefícios. Você choraminga por causa dos supérfluos, não do básico; por causa dos benefícios, não dos essenciais. Suas bênçãos são a fonte dos seus problemas."

José deu-me muito por um dólar; deu-me uma lição sobre gratidão.

Gratidão. Conscientizar-se mais daquilo que se tem do que daquilo que não se tem. Reconhecer o tesouro das coisas simples — o abraço de uma criança, um solo fértil, um ocaso dourado. Regalar-se no conforto do que é comum —uma cama aquecida, uma refeição quente, uma camisa limpa.

E ninguém tem mais motivo para ser grato do que aquele que recebeu um presente de Deus por um dos anjos de Deus. Eu fui. Franciszek Gajowniczek também foi. Sua história é comovente.

É difícil encontrar beleza na morte. É mais difícil ainda encontrar beleza num campo de morte. Especialmente Auschwitz. Quatro milhões de judeus morreram lá na Segunda Guerra Mundial. Meia tonelada de cabelo humano ainda está preservada. Os chuveiros que aspergiam gás venenoso ainda existem.

Mas apesar de todas as lembranças dolorosas de Auschwitz, existe uma que é bela. É a lembrança que Gajowniczek tem de Maximilian Kolbe.

Em fevereiro de 1941, Kolbe estava encarcerado em Auschwitz. Ele era um frade franciscano. Na desolação do matadouro, ele mantinha a mansidão de Cristo. Repartia seu alimento. Dava a sua cama. Orava por seus captores. Logo recebeu o apelido de "Santo de Auschwitz".

Em julho desse mesmo ano, houve uma fuga da prisão. Era o costume em Auschwitz matar dez prisioneiros para cada um que escapasse. Todos os prisioneiros seriam reunidos no pátio e o comandante selecionaria ao acaso dez nomes do livro de chamada. Essas vítimas seriam levadas imediatamente a uma cela na qual não receberiam nenhum alimento ou água até morrerem.

Mensagens angelicais

O comandante começa a chamar os nomes. A cada convocação, outro prisioneiro se adianta a fim de preencher a cota sinistra. O décimo nome que ele chama é Gajowniczek.

Enquanto os oficiais da polícia secreta verificam os números dos condenados, um destes últimos põe-se a soluçar. "Minha esposa e meus filhos", chora ele.

Os oficiais se voltam ao ouvir um movimento entre os prisioneiros. Os guardas erguem seus fuzis. Os cães se retesam, antecipando uma ordem de atacar. Um prisioneiro deixou a sua fila e está forçando passagem à frente.

É Kolbe. Nenhum temor em seu rosto. Nenhuma hesitação em seu passo. O chefe da guarda berra-lhe que pare ou levará um tiro.

— Quero falar com o comandante — diz ele calmamente.

Por alguma razão, o oficial não o golpeia ou mata. Kolbe se detém a alguns passos do comandante, remove o chapéu e fita o oficial alemão nos olhos.

— Herr Kommandant, gostaria de fazer um pedido, por favor.

O fato de ninguém atirar nele é um milagre.

— Quero morrer no lugar deste prisioneiro. — Ele aponta o soluçante Gajowniczek. O intrépido pedido é apresentado sem gaguejar.

— Não tenho esposa e filhos. Além disso, sou velho e não presto para nada. Ele está em melhor condição. Kolbe conhecia bem a mentalidade nazista.

— Quem é você?

— Um sacerdote católico.

O bando fica atônito. O comandante, atipicamente sem fala. Após um momento, ele brada:

— Permissão concedida.

Os prisioneiros nunca tinham ordem de falar. Diz Gajowniczek:

— Eu podia apenas agradecer-lhe com os olhos. Eu estava atordoado e mal podia entender o que acontecia. A imensidão daquilo: eu, o condenado, devo viver, e outra pessoa de bom grado e voluntariamente oferece a vida por mim — um estranho. É um sonho?

O Santo de Auschwitz continuou vivo depois que os outros nove já haviam morrido. Na realidade, ele não morreu de sede ou de fome. Morreu somente depois que o médico da prisão injetou-lhe ácido fênico no coração. Era 14 de agosto de 1941.

Mensagens angelicais

Gajowniczek sobreviveu ao Holocausto. Conseguiu voltar à sua cidade natal. Todos os anos, entretanto, ele retorna a Auschwitz. Todo 14 de agosto ele volta lá para agradecer ao homem que morreu em seu lugar.

Em seu quintal existe uma placa. Uma placa que ele esculpiu com as próprias mãos. Um tributo a Maximilian Kolbe — o homem que morreu para que ele pudesse viver.[3]

Existem horas em que é preciso um anjo para nos relembrar do que temos.

Não existem muitas semelhanças entre Franciszek Gajowniczek e Max Lucado. Falamos duas línguas diferentes. Saudamos duas bandeiras diferentes. Conhecemos duas pátrias diferentes. Mas temos três coisas em comum.

Ambos fomos soltos de uma prisão por um anjo. Ambos tivemos um mestre judeu que morreu em nosso lugar. E ambos aprendemos que aquilo que já temos é muito maior do que qualquer coisa que pudéssemos desejar.

---

[3] Esta história foi adaptada do livro **A Man for Others** [Um homem para os outros], de Patrícia Treece.

CAPÍTULO 7
Lembre-se

*Chegada a tarde daquele dia, o primeiro
da semana, e estando cerradas as portas
do lugar onde estavam os discípulos,
com medo dos Judeus [...]. (João 20.19)*

A Igreja de Jesus Cristo começou com um grupo de homens amedrontados num cômodo do segundo andar em Jerusalém.

Embora treinados e instruídos, eles não sabiam o que dizer. Embora tivessem marchado com Jesus durante três anos, agora sentavam-se... amedrontados. Eram soldados tímidos, guerreiros relutantes, mensageiros mudos.

Seu ato mais corajoso foi o de levantar-se e trancar a porta.

Alguns olhavam pela janela, alguns olhavam a parede, alguns olhavam o chão, mas todos contemplavam dentro de si mesmos.

E nada mais certo, pois era uma hora de autoanálise. Todos os seus esforços pareciam

Lembre-se

inúteis. Perturbando suas recordações estavam as promessas que haviam feito, mas não cumprido. Quando os soldados romanos levaram Jesus, os seguidores de Jesus debandaram. Ainda com o vinho da aliança em seus hálitos e o pão do sacrifício dele nas barrigas, fugiram.

Todas aquelas exibições de bravata? Todas aquelas declarações de devoção? Jaziam quebradas e espalhadas no portão do jardim do Getsêmani.

Não sabemos aonde os discípulos foram quando fugiram do jardim, mas sabemos o que levavam: uma lembrança. Levavam a lembrança emocionante de um homem que se dizia nada menos do que Deus encarnado. E não conseguiam tirá-lo do pensamento. Por mais que tentassem escapar-lhe no meio da multidão, não podiam esquecê-lo. Se viam um leproso, lembravam-se da sua compaixão. Se ouvissem uma tempestade, se lembrariam do dia em que ele silenciou uma tempestade. Se vissem uma criança, pensariam no dia em que ele carregou uma delas. E se vissem um cordeiro sendo levado para o templo, se lembrariam do seu rosto manchado de sangue e dos olhos inundados de amor.

Não, não conseguiam esquecer dele. Como resultado, voltaram. E, como resultado, a igreja de nosso Senhor começou com um grupo de homens amedrontados num cenáculo.

Parece familiar? As coisas não mudaram muito em dois mil anos, mudaram? Quantas igrejas hoje encontram-se paralisadas no cenáculo?

Quantas congregações têm apenas religião suficiente para se reunirem, mas não paixão suficiente para saírem lá fora? Mesmo que as portas não estejam trancadas, mas é como se estivessem.

Inutilidade de cenáculo. Um bocadinho de fé, mas muito pouco fogo.

> "Claro que estamos fazendo a nossa parte para alcançar o mundo. Ora, somente no ano passado enviamos dez cursos por correspondência. Estamos esperando uma resposta a qualquer momento agora."

> "Pode apostar que nos preocupamos que o mundo seja alcançado! Enviamos 150 dólares por mês para... ahn, bem...

como se chama lá em... ahn, bem, oh, esqueço o nome do lugar, mas... oramos sempre por ele."

"Fome no mundo? Ora, isso está no topo de nossa lista de prioridades! Na verdade, temos planos de planejar uma sessão de planejamento. Pelo menos, é o que estamos planejando fazer."

Boa gente. Muitas ideias. Uma porção de boas intenções. Orçamentos. Reuniões. Palavras. Promessas. Mas enquanto tudo isso está ocorrendo, a porta permanece trancada e a história permanece um segredo.

Você não dá as costas a Cristo, mas também não se volta para ele. Não amaldiçoa o nome dele, mas tampouco o louva. Sabe que deveria fazer alguma coisa, mas não sabe ao certo o que é. Sabe que deveria reunir-se com outros, mas não sabe ao certo porquê.

Inutilidade de cenáculo. Embaixadores confusos atrás de portas trancadas. O que será necessário para destrancá-las? O que será necessário para atear o fogo? O que será necessário para restaurar a paixão do primeiro século? O que terá de acontecer antes que os cadeados da inutilidade tombem de nossas portas e sejam pisoteados debaixo dos pés de discípulos partindo?

Mais treinamento? Isso faz parte. Melhores estratégias? Ajudaria. Uma visão mundial maior? Sem dúvida. Mais dinheiro? Isso é imperativo. Maior dependência do Espírito Santo? Positivamente.

Mas no meio desses itens há um ingrediente básico que não pode passar despercebido. Há um elemento tão vital que sua ausência garante nosso fracasso. O que é necessário para nos fazer sair é exatamente o que fez os apóstolos saírem.

Imagine a cena. Pedro, João, Tiago, eles voltaram. Apostando nalguma probabilidade maluca de que a fonte de perdão ainda contivesse algumas gotas, eles voltaram. Atrevendo-se a sonhar que o mestre lhes houvesse deixado alguma palavra, algum plano, alguma orientação, voltaram.

Mas mal sabiam eles que o seu sonho mais absurdo não era absurdo o bastante. No exato instante em que alguém resmunga: "Não adianta", eles ouvem um ruído. Ouvem uma voz.

Lembre-se

"Paz seja convosco" (João 20.19).

Cada cabeça se ergueu. Cada olho se voltou. Cada queixo despencou. Alguém olhou para a porta.

Ainda estava trancada.

Foi um momento do qual os apóstolos jamais se esqueceriam, uma história que jamais cessariam de contar. A pedra do sepulcro não foi suficiente para mantê-lo dentro. As paredes do aposento não foram suficientes para mantê-lo fora.

O traído procurou seus traidores. O que foi que lhes disse? Não foi: "Que bando de fracassados!" Nem: "Eu bem que lhes disse." Nenhum discurso do tipo: "Onde estavam quando precisei de vocês?" Mas simplesmente uma frase: "Paz seja convosco." Exatamente o que eles não tinham era o ele oferecia: paz.

Era bom demais para ser verdade! Tão incrível era a aparição que alguns diziam: "Belisque-me, estou sonhando", mesmo na ascensão. (Mateus 28.17). Não é de se admirar que eles tenham regressado a Jerusalém com grande júbilo! (Lucas 24.52) Não é de se admirar que estivessem sempre no templo louvando a Deus! (Lucas 24.53).

Um grupo transformado postou-se ao lado de um Pedro transformado enquanto este anunciava algumas semanas depois: "Portanto, saiba com certeza toda a casa de Israel, que a esse Jesus, a quem vós crucificastes, Deus o fez Senhor e Cristo" (Atos 2.36).

Nenhuma timidez em suas palavras. Nenhuma relutância. Cerca de três mil pessoas creram na sua mensagem.

Os apóstolos deram início a um movimento. As pessoas tornaram-se seguidoras do conquistador da morte. Não podiam ouvir o bastante ou falar o bastante acerca dele. O povo começou a chamá-los de "cristãos". Cristo era o seu modelo, a sua mensagem. Pregavam a "Jesus Cristo crucificado", não por falta de outro tópico, mas porque não conseguiam esgotar esse.

O que destrancou as portas dos corações dos apóstolos?

Simples. Eles viram a Jesus. Encontraram o Cristo. Seus pecados colidiram com o Salvador, e o Salvador venceu! O que acendeu a caldeira dos apóstolos foi um braseiro de convicção de que a pessoa exata que devia tê-los

Lembre-se

mandado para o inferno foi ao inferno por eles, e voltou para contar a respeito.

Uma porção de coisas lhes aconteceria durante as próximas décadas. Muitas noites seriam passadas longe de casa. A fome lhes corroeria as entranhas. A chuva lhes ensoparia a pele. Pedras lhes feririam o corpo. Naufrágios, surras, martírio. Mas havia uma cena no repertório de lembranças que fazia com que jamais olhassem para trás: o traído voltando para encontrar seus traidores; não para açoitá-los, mas para enviá-los. Não para criticá-los por se esquecerem, mas para comissioná-los a se lembrarem. Lembrarem-se de que aquele que havia morrido está vivo e aqueles que eram culpados foram perdoados.

Pense a respeito da primeira vez em que você o viu. Pense acerca do seu primeiro encontro com Jesus Cristo. Envolva-se naquele momento. Ressuscite o alívio. Relembre a pureza. Intime a paixão a apresentar-se. Você consegue lembrar-se?

Eu posso. Um ruivinho de dez anos de idade com um ciclone de sardas está sentado na classe de estudo bíblico numa noite de quarta-feira. O que me lembro da classe são cenas — carteiras escolares com iniciais entalhadas. Um quadro-negro. Mais ou menos uma dúzia de crianças, algumas ouvindo, algumas não. Um professor usando um terno com o paletó apertado demais para abotoar à volta da robusta barriga.

Ele está falando de Jesus. Está explicando a cruz. Sei que já tinha ouvido aquilo antes, mas naquela noite ouvi com certeza. "Você não pode salvar a si mesmo, precisa de um Salvador." Não posso explicar porque a ligação ocorreu naquela noite em vez de em outra, mas ocorreu. Ele simplesmente articulou o que eu começava a compreender — eu estava perdido — e explicou de que eu precisava um redentor. Daquela noite em diante, meu coração pertenceu a Jesus.

Muitos argumentariam que aos dez anos se é criança demais para tal decisão. E podem estar certos. Mas tudo o que sei é que nunca tomei uma decisão mais sincera na vida. Eu não conhecia muito a respeito de Deus, mas o que conhecia era suficiente. Sabia que desejava ir para o céu. E sabia que não podia fazê-lo sozinho.

Lembre-se

Ninguém precisou me dizer para ficar feliz. Ninguém precisou me dizer para contar aos outros. Não podiam fazer-me calar. Contei a todos os meus amigos na escola. Coloquei um adesivo no para-choque da minha bicicleta. E embora jamais tivesse lido 2Coríntios 4.13, sabia o que queria dizer. "Cri, por isso falei." Perdão verdadeiramente recebido é perdão poderosamente proclamado.

Existe uma correlação direta entre a exatidão de nossa lembrança e a eficácia da nossa missão. Se não estamos ensinando às pessoas como serem salvas, talvez seja porque tenhamos esquecido da tragédia de estar perdido! Se não estamos ensinando a mensagem do perdão, talvez seja porque não nos lembramos de como era ser culpado. E se não estamos pregando a cruz, pode ser que subconscientemente tenhamos decidido — Deus nos livre — que, de certa forma, não precisamos dela.

Na que talvez tenha sido a última carta que Paulo escreveu, ele implorou a Timóteo que não se esquecesse. Em uma carta escrita do lugar no qual podia ouvir afiarem a lâmina que lhe deceparia a cabeça, ele instou com

Timóteo a se lembrar. "Lembra-te de Jesus Cristo [...]" (2Timóteo 2.8). Pode-se quase ver o velho guerreiro sorrindo ao escrever as palavras. "Lembra-te de que Jesus Cristo, que é da descendência de Davi, ressurgiu dentre os mortos, segundo o meu evangelho [...]."

Quando os tempos ficarem difíceis, lembre-se de Jesus. Quando as pessoas não ouvirem, lembre-se de Jesus. Quando as lágrimas chegarem, lembre-se de Jesus. Quando o desapontamento dormir junto com você, lembre-se de Jesus. Quando o medo armar a tenda no seu jardim. Quando a morte assomar, quando a ira chamuscar, quando a vergonha pesar muito, lembre-se de Jesus.

Lembre-se de santidade enfileirada com humanidade. Lembre-se dos enfermos que foram curados por mãos calosas. Lembre-se do morto chamado do sepulcro com um sotaque galileu. Lembre-se dos olhos de Deus que choraram lágrimas humanas. E, acima de tudo, lembre-se desse descendente de Davi que derrotou tão completamente a morte.

Você ainda consegue lembrar-se? Você ainda o ama? Lembre-se, implorou Paulo, lembre-se

Lembre-se

de Jesus. Antes que se lembre de qualquer coisa, lembre-se dele. Caso esqueça de alguma coisa, não se esqueça dele.

Oh, mas quão rapidamente nos esquecemos! Tanta coisa acontece ao longo dos anos. Tantas mudanças internas. Tantas alterações externas. E, nalgum lugar, lá atrás, o deixamos. Não lhe damos as costas... apenas não o levamos conosco. Tarefas chegam. Promoções chegam. Orçamentos são feitos. Crianças nascem, e o Cristo... o Cristo é esquecido.

Já faz algum tempo desde que você olhou fixamente os céus em muda reverência? Já faz algum tempo desde que você se conscientizou da divindade de Deus e da sua carnalidade?

Se faz, então você precisa saber uma coisa. Ele ainda está lá. Não foi embora. Debaixo de todos esses papéis e livros e relatórios e anos. No meio de todas essas vozes e faces e lembranças e quadros, ele ainda está lá.

Faça um favor a si mesmo. Poste-se diante dele novamente. Ou melhor, permita-lhe postar-se diante de você. Vá ao seu cenáculo e espere. Espere até que ele venha. E quando ele aparecer, não saia. Passe os dedos sobre seus pés. Coloque a sua mão no seu lado trespassado. E olhe dentro daqueles olhos. Esses mesmos olhos que derreteram as portas do inferno e puseram os demônios em disparada e Satanás a correr. Fite-os enquanto eles o fitam. Você jamais será o mesmo.

A pessoa jamais é a mesma após ver simultaneamente seu total desespero e a graça obstinada de Cristo. Ver o desespero sem a graça é suicídio. Ver a graça sem o desespero é inutilidade de cenáculo. Mas ver as duas coisas é conversão.

Segundo ponto de ancoragem

Meus fracassos não são fatais

CAPÍTULO 8
Erros fatais

A letra era tremida. O papel, uma folha pautada de caderno. Na tinta preta lia-se o tom desesperado. O bilhete estava datado de 6 de fevereiro de 1974, e era endereçado ao governo dos Estados Unidos.

"Estou enviando dez dólares para pagar os cobertores que roubei durante a Segunda Guerra Mundial. Minha cabeça não podia descansar. Desculpem o atraso." Estava assinada: "um ex-soldado". Em seguida vinha um pós-escrito: "Quero estar pronto para encontrar-me com Deus."

Esse soldado raso não estava sozinho em sua culpa. A carta é uma entre literalmente toneladas de cartas que têm sido enviadas ao governo dos Estados Unidos desde que este principiou a colecioná-las e guardá-las em 1811. Desde essa época, três e meio milhões de dólares já foram depositados no que é chamado de Fundo da Consciência.

São recebidos em média 45.000 dólares por ano. O maior ano foi 1950, no qual foram enviados 350.000 dólares.

Certo homem escrevendo do Brasil enviou cinquenta dólares para cobrir o custo de dois pares de botas de cavalaria, duas calças, um pacote de suprimentos alimentícios e cerca de quinze quilos de carne fresca congelada que ele havia roubado do exército entre 1943 e 1946.

Em alguns casos as quantias são pequenas, somente o remorso é grande. Uma senhora do estado de Colorado enviou dois selos de oito centavos de dólar para compensar o fato de ter usado um selo duas vezes (por algum motivo o selo não havia sido carimbado). Um antigo funcionário do Imposto de Renda enviou um dólar para pagar quatro canetas esferográficas que nunca havia devolvido ao escritório.

Um senhor de Salem, no estado de Ohio, mandou um dólar com o seguinte bilhete: "Quando eu era menino, coloquei umas moedinhas no trilho da estrada de ferro e o trem as achatou. Também usei uma moeda de dez ou vinte e cinco centavos de dólar numa experiência com folheamento a prata, no colegial.

Erros fatais

Fiquei sabendo que existe uma lei que proíbe deformar o nosso dinheiro. Não a vi, mas desejo ser um cidadão cumpridor da lei."

Ansiedade com relação a um erro de trinta anos de idade? Remorso por causa de moedinhas esmagadas? Uma consciência culpada por causa de canetas esferográficas? Se a luta para se ter uma consciência limpa não fosse tão comum, as cartas seriam engraçadas. Mas a luta é comum.

O que você faz com os seus fracassos? Nossos erros vêm a nós como pedregulhos; pedrinhas que servem como lembranças de nossos tropeços. Carregamo-las nas mãos, e logo nossas mãos estão cheias. Colocamo-las nos bolsos, e logo nossos bolsos estão estufados. Colocamo-las numa sacola e a pomos sobre o ombro; a estopa arranha e assa a pele. E logo a sacola dos fracassos de ontem fica tão pesada que a arrastamos.

Eis aqui alguns fracassos que têm sido arrastados para dentro do meu escritório.

Infidelidade. Ele queria tentar outra vez. Ela disse: "De jeito nenhum." Ele queria uma segunda oportunidade. Ela disse: "Você jogou fora a sua oportunidade." Ele admitiu ter cometido um erro ao encontrar-se com outra mulher. Vê agora que o erro foi fatal para o casamento.

Homossexualidade. Seus pulsos traziam as cicatrizes de uma tentativa de suicídio. Seus braços tinham trilhas de incontáveis agulhas. Seus olhos refletiam o espírito de alguém totalmente determinado a se autodestruir. Suas palavras eram as de um prisioneiro sombriamente resignado à sentença do juiz. "Sou *gay*. Meu pai diz que sou um desequilibrado. Acho que ele tem razão."

Divisão. A liderança de uma igreja exigia submissão. Os membros exigiam voz mais ativa. Era uma bomba esperando para explodir. A erupção resultou num prédio meio vazio de feridos ambulantes.

Imoralidade. Ela veio à igreja com uma criança no ventre e arrependimento no espírito. "Não posso ter esse bebê", implorou. "Encontraremos um lar para seu filho", garantiram-lhe. Ela concordou. Depois mudou de ideia. O namorado financiou o aborto. "Será que Deus pode algum dia me perdoar?"

Erros fatais

Nada se arrasta mais teimosamente do que uma sacola de fracassos.

Se você pudesse fazer tudo de novo, faria de modo diferente. Seria uma pessoa diferente. Seria mais paciente. Controlaria a sua língua. Terminaria o que tivesse começado. Voltaria a outra face em vez de esbofetear a dele. Casaria primeiro. Não se casaria de forma alguma. Seria honesto. Resistiria à tentação. Andaria com um grupo diferente.

Mas não pode. E não importa quantas vezes diga a si mesmo: "O que está feito, está feito", o que você fez não pode ser desfeito.

Isso faz parte do que Paulo queria dizer ao falar: "O salário do pecado é a morte" (Romanos 6.23). Ele não disse: "O salário do pecado é um mau humor". Ou: "O salário do pecado é um dia cansativo." Nem: "O salário do pecado é a depressão". Leia outra vez. "O salário do pecado é a morte." O pecado é fatal.

Pode alguma coisa ainda ser feita?

Seu terapeuta lhe diz para conversar a respeito. Por isso, você o faz. Puxa seu fardo para dentro do consultório, despeja as pedras sobre o assoalho e analisa cada uma. E isso ajuda. É gostoso conversar e o terapeuta é simpático. Mas quando o horário termina, você ainda tem de carregar o fardo de pecados para fora consigo.

Seus amigos lhe dizem para não se sentir mal. "Todo mundo cai um pouquinho neste mundo", dizem eles. "Isso não é muito confortador", diz você.

Reuniões estimulantes do tipo sinta-se ótimo a respeito da vida lhe dizem para ignorar a coisa e ser feliz! Isto funciona — até você limpar o embaçado do seu espelho e dar uma olhada honesta. Então, vê que ele ainda continua ali.

Os legalistas lhe dizem que trabalhe para diminuir o peso. Uma vela para cada pedra. Uma oração para cada pedregulho. Parece lógico, mas e se não der tempo? Ou se eu não tiver contado direito? Você entra em pânico.

O que *você* faz com as pedras dos tropeços da vida?

Minha filha mais velha, Jenna, tem quatro anos de idade. Uns tempos atrás, ela me procurou com uma confissão. "Papai, peguei um lápis e desenhei na parede." (As crianças me espantam com sua honestidade.)

Erros fatais

Sentei-me, coloquei-a no colo e tentei parecer sábio.

— Isso é coisa que se faça?

— Não.

— O que o papai faz quando você escreve na parede?

— Me dá palmada.

— O que você acha que o papai deveria fazer desta vez?

— Amar.

Não é o que todos nós queremos? Não anelamos todos por um pai que, embora os nossos erros estejam escritos por toda a parede, nos ame mesmo assim? Não desejamos um pai que se importe conosco a despeito dos nossos fracassos?

Temos esse tipo de pai. Um pai que está na sua melhor forma quando nós estamos na nossa pior. Um pai cuja graça é mais forte quando nossa devoção é mais fraca. Se sua sacola é grande e volumosa, então tenho uma notícia palpitante para você: seus fracassos não são fatais.

CAPÍTULO 9
Cristo Redentor

Pouco mais de vinte e sete metros de altura. Mil trezentas e vinte toneladas de concreto armado. Posicionada numa montanha dois mil e quatrocentos metros acima do nível do mar. É a famosa estátua do Cristo Redentor que se eleva acima da cidade do Rio de Janeiro, no Brasil.

Não há turista que vá ao Rio e não serpenteie ladeira acima no Corcovado para ver esse agigantado monumento. Apenas a cabeça tem quase três metros de altura. A envergadura de ponta a ponta dos dedos — quase vinte metros.

Quando morei no Rio, vi a estátua dezenas de vezes. Mas nenhuma vez me impressionou tanto quanto a primeira.

Eu era estudante universitário passando férias no Brasil. Exceto por escapadelas pela fronteira mexicana, esta era a minha primeira viagem fora dos Estados Unidos. Conhecia esse monumento apenas pela revista *National Geographic*.

Cristo Redentor

Iria descobrir que nenhuma revista pode verdadeiramente captar o esplendor do Cristo Redentor.

Abaixo de mim estava o Rio. Sete milhões de pessoas fervilhando nas luxuriantes montanhas verdes que se precipitam no azul vivo do Atlântico. Atrás de mim estava a estátua do Cristo Redentor. Enquanto olhava a gigantesca estátua através de minha lente telefoto, duas ironias me chamaram a atenção.

Não podia deixar de notar os olhos cegos. Ora, sei o que você está pensando todas as estátuas têm olhos cegos. Você está certo, têm mesmo. Mas é como se o escultor dessa estátua tivesse tencionado que os olhos fossem cegos. Não há pupilas para sugerir visão. Não há círculos para sugerir vista. Há apenas aberturas bem arredondadas.

Abaixei a máquina fotográfica até a cintura. *Que espécie de redentor é este? Cego? Olhos fixos no horizonte, recusando-se a ver a massa do povo a seus pés?*

Vi a segunda ironia quando novamente ergui a minha máquina. Fui acompanhando as feições para baixo; passei pelo nariz forte, passei pelo queixo proeminente, passei pelo pescoço.

Meu foco se deteve no manto da estátua. No lado de fora do manto está um coração. Um coração bem curvo. Um coração simples.

Um coração de pedra.

O simbolismo involuntário me abalou. *Que espécie de redentor é este? Coração feito de pedra? Mantido firme, não com paixão e amor, mas com concreto e argamassa. Que espécie de redentor é este? Olhos cegos e coração de pedra?*

Desde então aprendi a resposta à minha própria pergunta: Que tipo de redentor é esse? Exatamente a espécie de redentor que a maioria das pessoas tem.

Oh, a maioria das pessoas não admitiria que tem um redentor cego e com um coração de pedra. Mas olhe com mais atenção.

Para alguns, Jesus é um amuleto para dar sorte. O "Redentor Pata de Coelho". Tamanho de bolso. Conveniente. Facilmente empacotável. Facilmente compreendido. Facilmente diagramado. Pode-se colocar seu retrato na parede ou pode-se colocá-lo na carteira como seguro. Pode-se emoldurá-lo. Dependurá-lo no espelho retrovisor ou colá-lo no painel de instrumentos.

Cristo Redentor

A especialidade desse redentor? Livrá-lo de uma enrascada. Precisa de um lugar para estacionar? Esfregue o redentor. Precisa de ajuda num teste? Tire para fora a pata de coelho. Não é preciso ter um relacionamento com ele. Não é preciso amá-lo. Apenas mantê-lo no bolso perto do seu trevo de quatro folhas.

Para muitos, ele é um "Redentor Lâmpada de Aladim". Novos empregos. Cadilaques cor-de-rosa. Cônjuges novos e melhorados. Seu desejo é uma ordem para ele. E melhor ainda, ele convenientemente volta para dentro da lâmpada quando você já não o quer por ali.

Para outros, Jesus é um "Redentor Silvio Santos". "Está bem, Jesus, façamos um trato. Cinquenta e dois domingos por ano, colocarei uma fantasia — paletó e gravata, chapéu e meias — e aguentarei qualquer sermão que jogar para o meu lado. Em troca, você me dá a graça que fica atrás do portal de pérola número três."

O Redentor Pata de Coelho. O Redentor Lâmpada de Aladim. O Redentor Sílvio Santos. Poucas exigências, nenhum desafio. Nenhuma necessidade de sacrifício. Nenhuma necessidade de dedicação.

Redentores sem vista e sem coração. Redentores sem poder. Não é assim o Redentor do Novo Testamento.

Compare o Cristo cego que vi no Rio com o Cristo compassivo visto por uma mulher amedrontada certa madrugada em Jerusalém (João 8.1.11).

Raia o dia. O sol nascente estende um cobertor dourado por sobre as ruas da cidade. Diamantes de orvalho agarram-se às folhinhas de grama. Um gato se espreguiça ao despertar. Os ruídos são esparsos.

Um galo entoa seu recital matutino.

Um cão ladra para dar as boas-vindas ao dia.

Um camelô desce a rua arrastando os pés, seus artigos às costas.

E um jovem carpinteiro fala no pátio do Templo.

Jesus está sentado, cercado por um grupo de ouvintes. Alguns movem as cabeças assentindo e abrem os corações em obediência. Aceitaram o mestre como seu mestre e estão aprendendo a aceitá-lo como seu Senhor.

Outros são curiosos, querem crer, mas estão desconfiados desse homem cujas reivindicações forçam tanto os limites da crença.

Cristo Redentor

Quer curiosos, quer convencidos, eles ouvem atentamente. Levantaram-se cedinho. Havia algo com relação às palavras dele que era mais confortador do que o sono.

Não sabemos qual o seu tópico naquela manhã. Oração, talvez. Ou talvez bondade ou ansiedade. Mas fosse qual fosse, logo foi interrompido quando um bando de gente invadiu o pátio.

Determinados, eles irrompem de uma rua estreita e dirigem-se a Jesus pisando duro. Os ouvintes se amontoam para abrir-lhes caminho. A horda é constituída de líderes religiosos, os presbíteros e diáconos daquela época. Homens respeitados e importantes. E lutando para manter o equilíbrio na crista dessa onda bravia encontra-se uma mulher semidespida.

Apenas momentos antes, estivera na cama com um homem que não o seu marido. Era assim que ela ganhava a vida? Talvez sim. Talvez não. Talvez o marido tivesse partido, seu coração estivesse solitário, o toque do estranho fosse cálido, e antes que pudesse perceber o que fazia, ela o havia feito. Não sabemos.

Mas sabemos que uma porta foi aberta à força e ela foi arrancada de uma cama. Mal teve tempo de cobrir o corpo antes de ser arrastada

111

para a rua por dois homens da idade de seu pai. Que pensamentos lhe percorriam a mente enquanto ela se debatia para manter-se em pé?

Vizinhos curiosos enfiavam as cabeças por janelas abertas. Cães sonolentos ladravam para o tumulto.

E agora, com passadas decididas, a turba se precipita para o mestre. Jogam a mulher na sua direção. Ela quase cai.

— Encontramos esta mulher na cama com um homem! — Brada o líder. A lei diz para apedrejá-la. O que o senhor diz?

Arrogantes com coragem emprestada, eles dão um sorrizinho afetado enquanto observam o rato ir atrás do queijo.

A mulher esquadrinha os rostos, faminta por um olhar compassivo. Não encontra nenhum. Pelo contrário, só vê acusação. Olhos semicerrados. Lábios apertados. Dentes rangendo. Olhares que sentenciam sem ver.

Corações de pedra, frios, que condenam ser sentir.

Ela abaixa o olhar e vê pedras nas mãos deles — as pedras da justiça cujo propósito é o de, com pedradas, arrancar-lhe a lascívia do

Cristo Redentor

coração. Os homens apertam-nas tanto que as pontas dos dedos ficam brancas. Apertam-nas como se as pedras fossem o pescoço desse pregador que eles odeiam.

Em seu desespero, ela olha para o Mestre. Os olhos dele não têm o brilho feroz. "Não se preocupe," sussurram aqueles olhos, "está tudo bem." E pela primeira vez aquela manhã, ela vê bondade.

Quando Jesus a enxergou, o que viu? Viu-a como um pai vê a filha crescida ao entrar na igreja rumo ao altar nupcial? A mente do pai volta correndo pelo tempo, vendo sua menina crescer novamente — das fraldas às bonecas. Das salas de aula aos namorados. Da festa de formatura ao dia do casamento. O pai vê tudo isso ao olhar para a filha.

Quando Jesus olhou para essa filha, será que sua mente correu de volta no tempo? Será que ele reviveu o ato de formar essa filha no céu? Será que ele a via como a criara originalmente? O que deseja que façamos com ela?

Ele poderia ter perguntado por que não haviam trazido o homem. A lei o condenava da mesma forma. Ele poderia ter perguntado porque estavam subitamente tirando o pé de uma velha ordem que havia ficado nas prateleiras por séculos. Mas não o fez.

Apenas ergueu a cabeça e falou:

— Acho que, se nunca cometeram um erro, têm o direito de apedrejar esta mulher. Voltou para baixo o olhar e começou a desenhar na terra outra vez.

Alguém pigarreou como que para falar, mas ninguém falou. Pés se arrastaram. Olhos baixaram. Em seguida, ploque... ploque... ploque... pedras caíram ao chão.

E eles se afastaram. A começar pelo de barba mais branca e terminando com o de mais preta, eles se voltaram e partiram. Chegaram como se fossem um, mas se retiraram um a um.

Jesus disse à mulher que erguesse o olhar.

Não há ninguém para condená-la? — Ele sorriu quando ela ergueu a cabeça. Ela não viu ninguém, apenas pedras — cada qual uma lápide em miniatura para marcar o túmulo da arrogância de um homem.

— Não há ninguém para condená-la? — ele havia perguntado. *Ainda existe um que pode fazê-lo*, pensa ela. E ela se volta para ele.

O que ele deseja? O que fará?

Cristo Redentor

Talvez ela esperasse que ele a censurasse. Talvez esperasse que ele se afastasse dela. Não estou certo, mas uma coisa eu sei: o que ela recebeu era algo que jamais esperava. Recebeu uma promessa e uma ordem.

A promessa: "Então, nem eu tampouco a condeno." A ordem: "Vá e não peque mais."

A mulher volta-se e caminha para o anonimato. Ninguém mais a vê ou ouve falar dela. Mas de uma coisa podemos ter certeza: naquela manhã em Jerusalém, ela viu Jesus e Jesus a viu. E se pudéssemos de alguma forma transportá-la ao Rio de Janeiro e permitir que ela se postasse à base do Cristo Redentor, sei qual seria a sua reação.

— Esse não é o Jesus que vi — diria ela. E estaria certa. Pois o Jesus que viu não tinha coração duro. E o Jesus que a viu não tinha olhos cegos.

Contudo, se pudéssemos de algum modo transportá-la ao Calvário e permitir que ela se postasse à base da cruz... você sabe o que ela diria. "É ele", murmuraria. "É ele."

Ela lhe reconheceria as mãos. As únicas mãos que não haviam segurado pedras naquele dia

115

foram as dele. E também nesse dia não seguram pedras. Ela lhe reconheceria a voz. É mais áspera e mais fraca, mas as palavras são as mesmas: "Pai, perdoa-lhes...". E lhe reconheceria os olhos. Como poderia jamais esquecer-se daqueles olhos? Límpidos e cheios de lágrimas. Olhos que a viam não como era, mas como deveria ter sido.

CAPÍTULO 10
O cálice dourado

Chamas saltam do monte. Almofadas de fumaça flutuam para o alto. Labaredas alaranjadas estalam e especam.

Do meio da fogueira sai um grito — o protesto de um prisioneiro quando a porta da masmorra é fechada; o rugido de um leão quando sente o calor da floresta em chamas.

O grito de um filho perdido ao procurar seu pai.

— Deus meu, Deus meu, por que me desamparaste?

As palavras ricocheteam de estrela para estrela, indo cair dentro da câmara do Rei. Mensageiras de sangrento campo de batalha, elas entram aos tropeções na presença do Rei. Feridas e quebradas, imploram ajuda, alívio.

Os soldados do Rei preparam-se para atacar. Montam seus corcéis e posicionam seus escudos. Desembainham as espadas.

Mas o rei está silencioso. Esta é a hora para a qual ele traçou seus planos. Ele sabe que curso sua ação tomará. Esteve à espera dessas palavras desde o princípio — desde que o primeiro veneno foi contrabandeado reino adentro.

Esse veneno veio camuflado. Veio num cálice dourado de longa haste. Veio com sabor de fruta. Veio, não nas mãos de um rei, mas nas mãos de um príncipe — o príncipe das sombras.

Até aquele momento, não havia existido motivo para se esconder no jardim. O Rei caminhava com seus filhos e os filhos conheciam o seu Rei. Não havia segredos. Não havia sombras.

Então, o príncipe das sombras entrou no jardim. Ele teve de se esconder. Era feio dentais, repulsivo demais. Crateras lhe desfiguravam o rosto. Por isso chegou na escuridão. Veio cingido de ébano. Estava completamente escondido; somente a sua voz podia ser ouvida.

— Prove-o — sussurrou ele, segurando o cálice diante dela. — Tem a doçura da sabedoria.

A filha ouviu a voz e voltou-se. Estava intrigada. Seus olhos jamais haviam contemplado uma sombra. Havia algo tentador e atrativo na maneira como ele se escondia.

O cálice dourado

O Rei observava. Seu exército sabia que o príncipe das sombras não estaria à altura da sua poderosa legião. Ansiosamente, esperava a ordem de atacar.

Mas nenhuma ordem foi dada.

— A escolha é dela — instruiu o Rei. — Se ela nos procurar para ajudá-la, essa é a sua ordem de livrá-la. Se ela não nos procurar, se ela não me buscar, não interferiremos. A escolha é dela.

A filha fitou o cálice. Rubis engastados em filigranas de ouro convidavam ao toque. O vinho tentava-lhe o paladar. Ela estendeu a mão, segurou o cálice e bebeu o veneno. Seus olhos jamais se dirigiram para o alto.

O veneno correu por dentro dela, distorcendo-lhe a visão, deformando-lhe a pele, e contorcendo-lhe o coração. Ela pulou para dentro da sombra do príncipe.

De súbito, sentiu-se solitária. Teve saudades da intimidade que usufruía antes. Entretanto, em vez de retornar ao Rei, preferiu induzir outro a afastar-se dele. Ela tornou a encher o cálice e ofereceu-o ao filho.

Mais uma vez o exército colocou-se em posição de sentido. Mais uma vez, ficou atento à ordem do Rei. As palavras dele foram as mesmas.

119

— Se ele me buscar, então corram para ele. Mas se não o fizer, não interfiram. A escolha é dele.

A filha colocou o cálice nas mãos do filho.

— Está tudo bem — assegurou ela. — É doce.

O filho viu o deleite que lhe dançava nos olhos. Atrás dela postava-se a silhueta de um vulto.

— Quem é ele? — perguntou o filho.

— Beba — insistiu ela. Sua voz estava enrouquecida de desejo.

O cálice estava frio contra os lábios de Adão. O líquido queimou-lhe a inocência.

— Mais — pediu ele passando o dedo pela borra no fundo e colocando-a na boca.

Os soldados fitaram seu Rei em busca de instruções. Os olhos dele estavam úmidos.

— Traga-me a sua espada! — O general desmontou e adiantou-se rapidamente na direção do trono. Ele estendeu a lâmina desembainhada diante do Rei.

O Rei não a tomou, apenas tocou-a. Quando a ponta do seu dedo encontrou o cabo da

O cálice dourado

espada, o ferro foi-se tornando alaranjado de calor. Foi ficando mais brilhante, mais brilhante até flamejar.

O general segurou a espada chamejante e esperou a ordem do Rei. Ela veio na forma de um decreto.

— As escolhas feitas por eles serão respeitadas. Onde houver veneno, haverá morte. Onde houver cálices, haverá fogo. Assim seja.

O general galopou ao jardim e tomou seu posto junto ao portal. A espada chamejante proclamava que o reino da luz jamais seria novamente escurecido pelo passar de sombras. O Rei detestava as sombras. Detestava-as porque nas sombras os filhos não podiam ver seu Rei. O Rei detestava os cálices. Detestava-os porque eles faziam os filhos se esquecerem do Pai.

Mas do lado de fora do jardim, o círculo da sombra ampliava-se cada vez mais, e maior número de cálices vazios emporcalhavam o chão. Mais rostos ficavam desfigurados. Mais olhos viam distorcidamente. Mais almas eram deformadas. A pureza estava sendo esquecida e o Rei foi sendo perdido de vista por completo. Ninguém se lembrava de que um dia havia existido um reino sem sombras.

Em suas mãos encontravam-se os cálices do egoísmo.

Em seus lábios estava a ladainha do mentiroso. "Prove, é doce."

E, fiel às palavras do Rei, onde havia veneno, havia morte. Onde havia cálices, havia fogo. Até o dia em que o Rei enviou o seu Príncipe.

O mesmo fogo que inflamava a espada, agora acendeu uma pequena chama e a colocou no meio das sombras.

Sua chegada, como a do portador do cálice, não passou despercebida.

— Uma estrela! — foi como a sua vinda foi anunciada. — Uma luz brilhante num céu escuro. — Um diamante reluzindo na imundície.

— Brilhe bastante, meu Filho — sussurrou o Rei.

Muitas vezes o cálice foi oferecido ao Príncipe da Luz. Muitas vezes ele veio nas mãos daqueles que haviam abandonado o Rei. — Não quer experimentar só um pouquinho, meu amigo? — Com angústia, Jesus fitava os olhos daqueles que procuravam tentá-lo. Que vene-

O cálice dourado

no era esse que fazia o prisioneiro tentar matar aquele que o havia vindo libertar?

O cálice ainda trazia o gosto sedutor do poder e prazer prometidos. Mas para o Filho da Luz, seu odor era vil. A visão do cálice enraiveceu tanto o Príncipe que ele o derrubou da mão do tentador, e ficaram apenas os dois frente a frente, presos um ao outro por furioso olhar.

— Provarei o veneno — jurou o Filho do Rei — Foi para isso que vim. Mas a hora será a que eu escolher.

Finalmente essa hora chegou. O Filho fez uma última visita ao Pai. Encontrou-se com ele em outro jardim. Um jardim de árvores retorcidas e solo pedregoso.

— Tem de ser desta forma?

— Sim, tem.

— Não existe outra pessoa que possa fazê-lo?

O Rei engoliu seco.

— Ninguém além de você.

— Tenho de beber do cálice?

— Sim, meu Filho. O mesmo cálice.

O Rei fitou o Príncipe da Luz.

— A escuridão será enorme. Passou a mão sobre a face imaculada do seu Filho. — A dor será tremenda. Então, ele se deteve e olhou seu reino escurecido. Quando ergueu o olhar, seus olhos estavam úmidos. — Mas não existe outra forma.

O Filho olhou para as estrelas ao ouvir a resposta.

— Então, que assim seja feito.

Lentamente as palavras que matariam o Filho começaram a sair dos lábios do Pai.

"Hora da morte, momento do sacrifício, é a sua vez. Ensaiada milhões de vezes sobre altares falsos com falsos cordeiros; o momento da verdade chegou.

"Soldados, vocês pensam que o conduzem? Cordas, pensam que o prendem? Homens, pensam que o sentenciam? Ele não dá ouvidos aos seus comandos. Não recua diante dos seus açoites. É a minha voz que ele ouve. É a minha condenação que ele teme. E são as suas almas que ele salva.

"Oh, meu Filho, meu Filho. Erga os olhos para os céus e veja a minha face antes que eu a

O cálice dourado

volte para o outro lado. Ouça a minha voz antes que eu a silencie. Ah, se eu pudesse salvá-lo e a eles. Mas eles não veem e não ouvem.

"Os vivos precisam morrer a fim de que os moribundos possam viver. Chegou a hora de matar o Cordeiro.

"Eis aqui o cálice, meu Filho. O cálice de tristezas. O cálice do pecado.

"Bata com força, martelo! Seja fiel à sua tarefa. Que seu retinir seja ouvido pelos céus.

"Ergam-no, soldados. Ergam-no bem alto ao seu trono de misericórdia. Ergam-no ao seu patamar de morte. Ergam-no acima do povo que lhe amaldiçoa o nome.

"Agora mergulhem o lenho na terra. Mergulhem-no fundo no coração da humanidade. Fundo nas camadas do tempo passado. Fundo nas sementes do tempo futuro.

"Não há um anjo para salvar o meu Isaque? Não há uma mão para redimir o Redentor?

"Eis aqui o cálice; meu Filho. Beba-o sozinho."

Deus deve ter chorado ao executar sua tarefa. Cada mentira, cada tentação, cada ato feito nas sombras estava naquele cálice. Lentamente, abominavelmente foram absorvidos no corpo do Filho. O ato final da encarnação.

O Cordeiro Imaculado estava manchado. Chamas começaram a lamber-lhe os pés.

O Rei obedece ao seu próprio decreto. "Onde há veneno, haverá morte. Onde há cálices, haverá fogo."

O Rei volta as costas ao seu Príncipe. A ira pura de um Pai que odeia o pecado recai sobre seu Filho que está cheio de pecado. O fogo o envolve. A sombra o esconde. O Filho procura o Pai, mas o Pai não pode ser visto.

———

A sala do trono está escura e cavernosa. Os olhos do Rei estão cerrados. Ele está descansando.

Em seu sonho, ele está novamente no jardim. A brisa da noite flutua pelo rio enquanto os três caminham. Eles falam do jardim — de como é, de como será.

— Pai... — começa a dizer o Filho. O Rei toca novamente a palavra. Pai. Pai. A palavra era uma flor, com a delicadeza de pétala, e contudo tão facilmente esmagada. Oh, como anelava por ouvir seus filhos chamarem-no de *Pai* novamente!

Um ruído o desperta bruscamente do sonho. Ele abre os olhos e vê um vulto transcendente cintilando no umbral da porta.

Está consumado, Pai. Voltei para casa.

CAPÍTULO 11
Volte para casa

Inglaterra. Século dezenove. Natal. Numa pequena cidade existe a tradição de uma festa geral em que todas as crianças recebem presentes. É uma ocasião festiva; os sorrisos alegres dos pequeninos, uma árvore alta na praça, pacotes coloridos. Existe um rapaz especial na cidade que, devido à sua deficiência, é vítima de muitas brincadeiras cruéis. A peça que lhe pregam nesse dia de Natal é a mais cruel de todas.

À medida que a montanha de presentes vai ficando menor e menor, seu rosto vai ficando mais e mais comprido. Ele é velho demais para um presente, mas não sabe disso. Seu coração infantil está pesado enquanto observa todos receberem presentes, menos ele próprio. Em seguida, alguns dos meninos vêm a ele com um presente. O seu é o último debaixo da árvore. Seus olhos dançam enquanto olha o pacote vistosamente embrulhado. Sua excitação aumenta quando arranca as fitas. Seus dedos

Volte para casa

se atropelam para rasgar o papel. Mas quando abre a caixa, seu coração afunda.

Está vazia.

O embrulho era atraente. As fitas eram vivamente coloridas. O exterior era suficiente para fazê-lo chegar ao interior, mas quando ele chegou ao interior, a caixa estava vazia![4]

Você já passou por essa situação alguma vez?

Muitas pessoas passaram.

> Uma jovem mãe chora silenciosamente em seu travesseiro. Toda a vida ela havia sonhado com o casamento. "Se apenas eu pudesse ter um lar. Se apenas pudesse ter um marido e uma casa."
>
> E, assim, agora está casada. A lua de mel acabou-se há muito tempo. O túnel que ela escavou para sair de uma prisão apenas levou a outra. Seu país encantado tornou-se um país de fraldas sujas, dificuldades de transporte e contas.
>
> Ela partilha a cama com um marido a quem não ama. Ouve o sono calmo

---

[4] Essa história é popularmente atribuída a Harry Emerson Fosdick.

de uma criança que não sabe como criar. E sente a areia de sua juventude escoar-lhe por dentre os dedos.

Um homem de negócios de meia idade senta-se em seu luxuoso escritório, olhos fixos fora da janela, sem nada ver. Um carro esporte vermelho alemão espera por ele no estacionamento. Há um anel de ouro em seu dedo e um cartão de crédito dourado em sua carteira. Seu nome está gravado em metal numa porta e escrivaninha de nogueira. Seu terno é feito por alfaiate. Seus sapatos são costurados a mão, seu nome é bem conhecido. Ele devia ser feliz. Possui tudo o que se dispôs a obter quando se postou ao pé da escada olhando para cima. Mas agora que tem o que deseja, ele não mais o deseja. Agora que está no topo da escada, vê que esta encontra-se encostada no prédio errado.

Ele deixou a jovem esposa submersa na poeira de sua ambição. As crianças que o chamavam de papai já não o chamam de papai; têm um novo pai. E embora possua tudo que o sucesso oferece, ele o trocaria para ter um lar que pudesse retornar nessa noite.

"Já contei os buracos nas placas do teto cem vezes." A voz tremeu a despeito de uma tentativa de parecer estável. "Dizem que ficarei engessado seis semanas. Também dizem que tenho sorte em estar vivo."

Sua voz mal podia ser ouvida através da máscara de oxigênio. A pele de sua testa e do nariz estava esfolada. "Eles ficam perguntando do que me lembro. Nem mesmo me lembro de ter entrado no carro, quanto mais de dirigi-lo. Eu jamais havia experimentado craque antes. Acho que tomei demais. Pensarei antes de experimentá-lo novamente. Na verdade, parece que vou ter tempo mais do que suficiente para pensar."

Nenhuma brincadeira. Nenhum barulho. Nenhuma luz piscando. Seus sonhos se tornaram realidade, mas em vez de o deixarem dormir, estão fazendo com que fique acordado. O que você faz numa hora dessas? Aonde você vai quando o desfile para? Seus fracassos sugam o alicerce arenoso do seu futuro, arrancando-o de sob você. E agora, o que fazer?

Pode culpar o mundo. O filho pródigo podia ter feito isso. De fato, provavelmente foi o que fez (Lucas 15.11-27).

O rapaz mirou o seu reflexo na poça enlameada. Ele questionou se o rosto era realmente seu. Não se parecia consigo.

A chama dos olhos estava agora apagada. A risadinha irônica havia sido humilhada. A atitude leviana dera lugar à sobriedade.

Ele revirou de ponta-cabeça e aterrissou de cara no chão.

Não bastava estar sem amigos. Não bastava estar sem um tostão. Não bastava penhorar seu anel, seu casaco, até mesmo os sapatos. As longas horas de perambulação pelas ruas não o quebrarem. Você poderia pensar que as noites passadas com apenas um travesseiro de alojamento ou os dias passados arrastando um balde de lavagem forçariam uma mudança no coração.

Volte para casa

Mas não. O orgulho é feito de pedra. Fortes batidas podem lascá-lo, mas é necessário o malho da realidade para quebrá-lo.

O dele estava começando a rachar.

Os primeiros dias de miséria foram provavelmente cheios de vapor do ressentimento. Ele estava bravo com todos. Todos tinham culpa. Seus amigos não deviam tê-lo abandonado. E seu irmão devia vir e livrá-lo. Seu patrão devia alimentá-lo melhor e seu pai jamais devia tê-lo deixado partir, em primeiro lugar.

Ele deu aos porcos os nomes de cada um deles.

O fracasso convida a apontar o dedo e passar adiante a responsabilidade. A pessoa pode estar sem dinheiro, sem emprego e sem amigos, mas jamais estará sem alguém a quem culpar.

Às vezes é a família:

> "Se meus pais tivessem levado mais a sério a sua tarefa..."
>
> "Se meu marido não fosse tão egoísta..."
>
> "Se meus filhos tivessem algum respeito por mim..."
>
> "Se me tivessem ensinado a usar o peniquinho mais cedo..."

133

Às vezes é o sistema:

> "Ninguém pode tirar nota boa nesta escola!"

> "Se me tivessem dado uma oportunidade igual, eu teria sido promovido."

> "Este lugar está todo 'arranjado'."

> "Não há como alguém subir nesta vida."

Até mesmo a igreja já foi responsabilizada por algumas coisas.

> "Oh, eu frequentaria a igreja, mas você sabia que fui à igreja uma vez em 1958 e ninguém veio me visitar?"

> "Aquele grupo de gente? Um bando de hipócritas."

> "Tenho planos de voltar para a igreja. Assim que eu encontre uma que esteja ensinando a doutrina certa, abrigando todos os desabrigados, alimentando todos os doentes e dando prêmios de assiduidade, então voltarei."

Logo, você está certo e os demais errados. Você é a vítima e o mundo é o seu inimigo.

Volte para casa

Uma segunda opção é a de continuar as brincadeiras, só que desta vez com um pouco mais de abandono.

Minha esposa tem um primo chamado Rob. Rob é um ótimo sujeito. Seu bom coração e sorriso amistoso o tornam querido de todos. Ele é o tipo de pessoa a quem você pode recorrer quando não pode apelar para mais ninguém.

Assim, quando as Bandeirantes precisaram de alguém que se fantasiasse de monstro numa festa para arrecadar fundos, quem foi que chamaram? Acertou. Rob.

Mas houve alguns problemas. Primeiro, ninguém previu que o dia da campanha estaria tão quente. Segundo, Rob não sabia que a fantasia seria tão grande. Terceiro, quem teria imaginado que os óculos de Rob embaçariam tanto que ele não conseguiria enxergar? Enquanto ele estava sentado no palco esperando sua vez de falar, o calor dentro da máscara cobriu-lhe os óculos com vapor. Ele não conseguia limpá-los, pois as patas eram grandes demais para caber no buraco dos olhos.

Ele começou a ficar preocupado. A qualquer momento seria chamado para fazer uma palestra e não podia, nem mesmo, ver onde estava o palco!

Assim, sussurrou pedindo ajuda. A fantasia era espessa demais e seus apelos não foram ouvidos.

Ele começou a abanar as mãos. O que ouviu em resposta foram gritinhos de alegria das crianças. Acharam que ele acenava para elas!

Ao ouvir essa história, ri... e depois suspirei. Era conhecida demais. Pedidos de ajuda abafados atrás de rostos fantasiados? Medo escondido atrás de um sorriso pintado? Sinais de desespero confundidos com sinais de alegria?

Diga-me se isso não descreve o nosso mundo.

Desde que Eva costurou as folhas de figueira para cobrir Adão, temos tentado disfarçar as nossas verdades.

E ficamos melhor a cada geração.

A criatividade de Miguelângelo não é nada se comparada à maneira como um homem calvo usa alguns poucos fios de cabelo. O mago Merlin ficaria espantado com a nossa capacidade de apertar uma cintura de lenhador em calças tamanho bailarina.

Volte para casa

Somos mestres em disfarces. Carros são dirigidos para impressionar. Calças jeans são compradas para retratar uma imagem. Sotaques são adquiridos para esconder uma herança. Nomes importantes são mencionados. Pesos são levantados. Lorotas são contadas. Brinquedos são comprados. Conquistas são professadas.

E ignoramos a dor. E, com o tempo, o verdadeiro eu fica esquecido.

Os índios costumavam dizer que dentro de cada coração existe uma faca. Essa faca anda como a mão que marca os minutos num relógio. Toda vez que o coração mente, a faca gira um pouco. Ao girar, ela corta o coração. Ao girar, ela entalha um círculo. Quanto mais ela gira, mais amplo se torna o círculo. Após a faca ter girado uma volta completa, uma trilha foi recortada. O resultado? Nada resta da dor, nada resta do coração.

Uma escolha que o rapaz no chiqueiro dos porcos tinha, era a de voltar ao baile de máscaras e fingir que estava tudo bem. Ele podia ter recortado sua integridade até a dor desaparecer. Poderia ter feito o que fazem milhões de pessoas. Poderia ter passado toda uma vida no chiqueiro fazendo de conta que era um palácio. Mas não foi o que fez.

Algo lhe disse que esse era o momento da verdade e para a verdade.

Olhou na água. O rosto que viu não era bonito — enlameado e inchado. Ele desviou os olhos. "Não pense nisso. Você não é pior do que os outros. As coisas vão melhorar amanhã."

As mentiras antecipavam um ouvido receptivo. Sempre o haviam encontrado antes. "Não desta vez", murmurou ele. E mirou o seu reflexo.

— Quão baixo cai.

Suas primeiras palavras da verdade.

Ele olhou dentro dos próprios olhos. Pensou em seu pai.

— Sempre disseram que eu tinha os seus olhos.

Podia ver a mágoa no rosto do pai quando lhe havia dito que estava de partida.

— Quanto devo tê-lo magoado.

Uma rachadura ziguezagueou pelo coração do rapaz.

Volte para casa

Uma lágrima pingou na poça. Outra logo se seguiu. Depois outra. Em seguida, o dique rompeu-se. Ele enterrou o rosto nas mãos sujas enquanto as lágrimas fizeram o que lágrimas fazem tão bem: limparam-lhe a alma.

Seu rosto ainda estava molhado quando ele se sentou perto do charco. Pela primeira vez em muito tempo pensou no lar. As lembranças aqueceram-no. Lembranças de risos em torno da mesa do jantar. Lembranças de uma cama quentinha. Lembranças de noites na varanda com o pai enquanto ouviam o som hipnótico dos grilos.

— Pai. Ele disse a palavra em voz alta enquanto olhava para si mesmo. — Costumavam dizer que eu era parecido consigo. Agora o senhor nem mesmo me reconheceria. Puxa vida, dei com os burros n'água, não dei?

Ele ergueu-se e pôs-se a andar.

A estrada que levava de volta ao lar era mais longa do que se lembrava. Na última vez que viajara por ela, seu estilo havia feito cabeças voltarem-se. Se fizesse cabeças se voltarem dessa vez, seria por causa do seu fedor. Suas roupas estavam rasgadas, o cabelo emaranhado, os pés pretos. Mas isso não o incomodava porque, pela primeira vez em todo um calendário de sofrimentos, ele estava com a consciência limpa.

Estava voltando ao lar. Voltava ao lar como um homem transformado. Não exigindo receber o que merecia, mas disposto a aceitar qualquer coisa que pudesse receber. "Dê-me" havia sido substituído por "ajude-me", e sua rebeldia havia sido substituída pelo arrependimento.

Voltou pedindo tudo, nada tendo para dar em troca. Não tinha dinheiro algum. Não tinha desculpa alguma.

E não tinha a menor ideia de quanto o pai havia sentido a sua falta.

Não tinha a menor ideia do número de vezes em que o pai se havia detido entre duas tarefas a fim de espiar pelo portão da frente para ver se enxergava o filho. O rapaz não tinha a menor ideia do número de vezes em que o pai havia acordado de um sono inquieto, ido ao quarto do filho e sentado na cama do rapaz. E o filho jamais teria acreditado nas horas em que o pai havia se sentado na varanda, próximo da cadeira de balanço vazia, olhando, anelando por ver aquele vulto conhecido, aquele andar, aquele rosto.

Volte para casa

Enquanto o rapaz fazia a curva que levava à casa, ensaiava mais uma vez o que iria dizer.

"Pai, pequei contra os céus e contra ti."

Ele aproximou-se do portão e colocou a mão na tranca. Começou a levantá-la, depois se deteve. O plano de ir para casa subitamente parecia tolo. "O que adianta?", ele ouviu-se perguntando a si mesmo. "Que chance tenho?" Inclinou a cabeça, voltou-se e começou a se afastar.

Em seguida, ouviu passos. Ouviu as batidas de sandálias. Alguém estava correndo. Ele não se voltou para olhar. *É provavelmente um empregado vindo me afugentar ou meu irmão mais velho querendo saber o que estou fazendo de volta à sua propriedade.* Começou a afastar-se.

Mas a voz que ouviu não era a voz de um empregado nem a voz do irmão; era a voz do pai.

— Filho!

— Pai?

Ele virou para abrir o portão, mas o pai já o tinha aberto. O filho olhou o pai parado na entrada. Lágrimas brilhavam em suas faces enquanto braços se estendiam do leste ao oeste convidando o filho a vir para casa.

— Pai, pequei... As palavras foram sufocadas enquanto o rapaz enterrava o rosto no ombro do pai.

Os dois choraram. Por uma eternidade, ficaram junto ao portão entrelaçados como se fossem um. As palavras eram desnecessárias. O arrependimento havia ocorrido, o perdão havia sido concedido.

O rapaz estava em casa.

Se existe uma cena nesta história que merece ser emoldurada, é a do pai com as mãos estendidas. Suas lágrimas comovem. Seu sorriso emociona. Mas suas mãos nos chamam ao lar. Imagine essas mãos. Dedos fortes. Palmas enrugadas com as marcas da vida. Abertas, estendidas como um largo portão, deixando a entrada como única opção.

Quando Jesus contou essa parábola do pai amoroso, pergunto-me, será que ele usou as mãos? Quando chegou a esse ponto na história, será que abriu os braços para ilustrar o que dizia?

Será que ele percebeu os pensamentos daqueles na audiência que estavam refletindo

Volte para casa

deste modo: "Eu jamais poderia ir para casa. Não depois da vida que tive"? Será que ele viu uma dona de casa olhar para o chão e um homem de negócios sacudir a cabeça como que a dizer: "Não posso começar de novo. Fiz uma embrulhada grande demais"? E será que ele abriu os braços mais ainda como que a dizer "Sim. Pode, sim. Pode vir para casa"?

Se ele fez ou deixou de fazer isso aquele dia, não sei. Mas sei que o fez mais tarde. Ele estirou as mãos tanto quanto pôde. Forçou os braços a se abrirem tanto que doeu. E para provar que esses braços jamais se cruzariam e que essas mãos jamais se fechariam, ele fez com que fossem pregados abertos.

Ainda estão assim.

CAPÍTULO 12

O peixe e as cataratas

A jornada

Existiu certa vez, em tempos remotos, quando o tempo não contava ainda o passar das horas e os rios não tinham nome, um peixe.

Nascido no borbulhar cascateante do ribeiro de uma montanha rochosa, esse peixe sardento aprendeu cedo a paixão de brincar. Ficava à vontade na água. Disparava de um lado para o outro em um porto formado por uma tora caída. Atrevia-se, de quando em quando, a atravessar a corredeira atirando-se de pedra em pedra.

Cada manhã ele observava o sol erguer a cortina sombria da noite. Era seu convite diário para dançar nas águas límpidas. Então, à medida que o sol se erguia mais alto, seu calor o embalava à morosidade, dando-lhe tempo de fitar, através das águas, as árvores altas que balançavam e os visitantes peludos cujas línguas bebiam e em seguida desapareciam.

O peixe e as cataratas

Mas se o dia era a sua hora de brincar, a noite era a sua hora de pensar. Essa jovem truta, não contente em saber tão pouco, mantinha os olhos abertos enquanto outros fechavam os deles. *Qual é a fonte deste ribeiro? Aonde vai ele? Por que está aqui? Por que eu estou aqui?* Ele meditava nas perguntas que outros jamais faziam. E aguardava longamente as respostas.

Então, certa noite ele ouviu o estrondo.

A noite estava tão clara que a lua se viu refletida no ribeiro. O peixe, acordado com seus pensamentos, reconheceu pela primeira vez um ruído que sempre tinha ouvido.

Um estrondo. Ele reboava sob o rio. Fazia vibrar a água. Imediatamente o peixe compreendeu porque a água estava sempre correndo.

Quem é o autor desse som? Quem é o doador desse barulho? Precisava saber.

Ele nadou toda a noite sem parar, alimentado pela necessidade de saber. O estrondo foi ficando cada vez mais forte. Seu reboar o assustava e atraía.

Ele nadou até as estrelas empalidecerem e os pedregulhos cinzentos recuperarem a cor.

Quando não conseguiu mais nadar, a exaustão venceu a curiosidade, e ele parou. Adormeceu.

O encontro

O sol estava cálido nas costas da truta. Durante o sono, ela sonhou que estava brincando novamente. Atirando-se entre as pedras e desafiando a água a apanhá-la. Sonhou, também, que estava em casa.

Em seguida, acordou, lembrando-se de sua peregrinação.

Ouviu o estrondo. Parecia perto. Ela abriu os olhos e lá estava: uma muralha de espuma branca. Água tombando, depois caindo, depois voando, depois rebentando.

Era diferente de tudo o que tinha visto antes.

Subirei nela para ver.

O peixe nadou até onde a água se precipitava no rio. Tentou nadar para cima. Subiria as cataratas pela força bruta. Mas o jorrar da água era forte demais. Impávido, ele nadou até não conseguir mais nadar e adormeceu.

No dia seguinte, ele tentou pular até o topo. Mergulhou para o fundo, bem abaixo da espuma

O peixe e as cataratas

agitada. Nadou fundo. Nadou até alcançar águas calmas e escuras e o estrondo ficar distante. Em seguida voltou-se para cima.

Suas nadadeiras abriam caminho à viva força de um lado para o outro, empurrando-o e impelindo-o até fazê-lo nadar mais depressa do que jamais havia nadado. Nadou direto para a superfície. Cada vez mais alto, cada vez mais rápido. Arremeteu através das águas calmas rumo à tona. Atravessou a superfície da água e elevou-se no ar. Elevou-se tanto que teve a certeza de que aterrisaria em cima das cataratas. Mas não. Mal conseguiu elevar-se acima da espuma. Em seguida caiu.

Tentarei novamente. Nadou para o fundo. Esforçou-se para cima. Voou para fora. E para baixo tombou.

Tentou outra vez. E outra vez. E outra vez. Sempre tentando alcançar o topo da muralha. Sempre fracassando em sua aventura.

Por fim a noite caiu e a lua montou guarda sobre a jovem truta exausta.

Ela acordou com força renovada e um novo plano. Encontrou uma poça segura que ficava ao lado da base das cataratas. Através das águas tranquilas ela olhou para cima. Nadaria de encontro ao suave fio de água que caía sobre as pedras. Satisfeita com sua sabedoria, ela partiu. Teimosamente, forçou o corpo a fazer o que ele não havia sido feito para fazer.

Durante toda uma passagem do sol através do céu ela lutou. Continuou a esforçar-se: subindo, caindo; subindo, caindo; subindo, caindo. A certa altura, quando seus músculos imploravam alívio, ela chegou a alcançar uma saliência na pedra da qual podia olhar por sobre a água lá em baixo. Envaidecida com a façanha, inclinou-se demasiadamente para fora e precipitou-se de cabeça na poça calma da qual havia saído.

Exausto com o fracasso, adormeceu.

Sonhou com o estrondo. Sonhou com a glória de deixar o ribeiro da montanha e habitar nas cataratas. Mas quando acordou, ainda estava embaixo.

Quando acordou a lua ainda estava alta. Desanimou-se ao perceber que o sonho não era uma realidade. Perguntou-se se valia a pena. Perguntou-se se aqueles que nunca buscavam saber seriam mais felizes.

O peixe e as cataratas

Pensou em voltar. A correnteza a levaria para casa.

Convivi com o estrondo toda a minha vida e jamais o ouvi. Poderia simplesmente não ouvi-lo novamente.

Mas como não ouvir o anelo do próprio coração? Como voltar as costas à descoberta? Como pode alguém se satisfazer em existir uma vez que tenha vivido com um propósito?

O peixe nada mais desejava além de ascender a água. Mas haviam-se esgotado as suas opções. Não sabia o que fazer. Berrou para a catarata: "Por que você é tão dura? Por que é tão resistente? Por que não me ajuda? Não vê que sozinho não consigo? Preciso de você!"

Naquele exato instante o estrondo da água principiou a aquietar-se. O espumar tornou-se mais lento. O peixe olhou ao redor. A água estava se acalmando.

Em seguida, sentiu a correnteza novamente. Sentiu o conhecido impulso da água a jorrar. Apenas desta vez o impulso vinha por trás. A água ganhou ímpeto, devagar no começo, depois mais e mais depressa até o peixe perceber que estava sendo levado para o alto muro de pedras sobre o qual a água havia jorrado. O muro estava descoberto e era grande.

Por um instante, ele temeu ser atirado contra as pedras. Mas assim que as alcançou, uma onda formou-se debaixo dele. A truta foi erguida para o alto. Saiu fora da água na ponta de uma língua erguida. A onda a elevou muro acima.

A essa altura a floresta estava silenciosa. Os animais mantinham-se quietos como se testemunhassem a majestade. O vento cessou sua atividade. A lua inclinou-se muito de leve num esforço de não perder o milagre.

Toda a natureza observava quando o peixe cavalgou a onda da graça. Toda a natureza se regozijou quando ele alcançou o topo. As estrelas dispararam através do negrume. A lua arcou para trás e balançou em doce satisfação. Os ursos dançavam. Os pássaros se abraçavam. O vento assobiava. E as folhas aplaudiam.

O peixe estava onde anelava estar. Estava na presença do estrondo. O que ele não podia fazer, o rio havia feito. Ele soube imediatamente que passaria a eternidade saboreando o mistério.

CAPÍTULO 13

O presente de última hora

Nicodemos veio no meio da noite. O centurião veio no meio do dia. O leproso e a mulher pecadora apareceram no meio das multidões. Zaqueu apareceu no meio de uma árvore. Mateus deu uma festa para ele.

Os cultos. Os poderosos. Os rejeitados. Os enfermos. Os solitários. Os ricos. Quem poderia ter reunido tal bando? Tudo o que tinham em comum era os baús vazios de suas esperanças, esvaziados muito tempo antes por charlatães e especuladores. Embora nada tivessem para oferecer, pediam tudo: um novo nascimento, uma segunda oportunidade, um novo começo, uma consciência limpa. E sem exceção seus pedidos foram atendidos.

E agora, mais um mendigo chega com um pedido. Há apenas minutos da morte de ambos, ele está diante do Rei. Pedirá migalhas. E, da mesma forma que os outros, receberá um pão inteiro.

O monte da Caveira — batido pelo vento e rochoso. O ladrão — macilento e pálido.

Dobradiças rangem enquanto a porta da morte se fecha sobre a sua vida.

Sua situação é de dar pena. Ele está descendo o último passo da escada espiralada do fracasso. Um crime após outro. Uma rejeição após outra. Mais e mais baixo ele desceu até ao fundo — um viga transversal e três cravos.

Ele não pode esconder quem é. Sua única veste é o manto da sua desgraça. Nenhum jargão elegante. Nenhum *curriculum vitae* esplêndido. Nenhum prêmio de escola dominical. Apenas um história nua de fracasso.

Ele vê Jesus.

Antes, havia zombado do homem. Quando a multidão iniciou em coro suas críticas, ele havia cantado a sua parte (Mateus 27.44). Mas agora ele não zomba de Jesus. Estuda-o. Começa a perguntar-se quem poderia ser esse homem.

Que estranho. Ele não se opõe aos cravos, quase que os convida.

Ele ouve as piadas, os insultos e vê que o homem permanece quieto. Vê o sangue fresco nas faces de Jesus, a coroa de espinhos perfurando o couro cabeludo de Jesus e ouve o sussurro rouco: "Pai, perdoa-lhes".

Por que eles o querem morto?

Lentamente, a curiosidade do ladrão contrabalança a dor em seu próprio corpo. Ele esquece momentaneamente os pregos raspando de encontro aos ossos expostos de seus punhos e as câimbras das pernas.

Começa a sentir um ardor peculiar no coração; começa a importar-se; começa a importar-se com esse mártir pacífico.

Não há raiva em seus olhos, apenas lágrimas.

Ele olha o ajuntamento de soldados jogando dados na terra, fazendo apostas por um manto esfarrapado. Vê o letreiro acima da cabeça de Jesus. Está pintado com sarcasmo: Rei dos Judeus.

Zombam dele como se fosse um Rei. Se fosse um louco, eles o ignorariam. Se não tivesse seguidores, eles o afastariam. Se não fosse nada a temer, eles não o matariam. Mata-se um rei somente se ele tiver um reino.

Seria possível...

Seus lábios partidos abrem-se para falar.

Então, de repente seus pensamentos explodem diante das acusações do criminoso da outra cruz. Ele também havia estudado Jesus, mas estudado através da lente desfocalizada do cinismo.

"Não és tu o Cristo? Salva-te a ti mesmo e a nós também" (Lucas 23.39).

É um dilema inexplicável: como duas pessoas podem ouvir as mesmas palavras, ver o mesmo Salvador e uma ver esperança e a outra nada ver além de si mesma.

Foi tudo o que o primeiro criminoso conseguiu aguentar. Talvez o bandido que atirou a farpa esperasse que o outro bandido entendesse a deixa e atirasse algumas ele próprio. Mas não. Nenhum segundo verso foi cantado. O que o criminoso de fala amarga ouviu foram palavras de defesa.

"Nem ao menos temes a Deus?"

Minutos antes esses mesmos lábios haviam amaldiçoado a Jesus. Agora o estavam defendendo. Toda cabeça no monte se ergue para contemplar aquele que falou em favor do Cristo. Todo anjo chora e todo demônio se espanta.

O presente de última hora

Quem poderia ter imaginado esse ladrão pensando em alguém além de si mesmo? Sempre havia sido o valentão, o pirralho batedor de carteiras. Quem podia lembrar-se da última vez em que ele havia ajudado alguém? Mas à medida que os últimos grãos de areia se escoam através de sua ampulheta, ele executa o ato mais nobre do homem. Fala em nome de Deus.

Onde estão aqueles que esperaríamos que defendessem Jesus?

Um Pedro muito mais espiritual abandonou-o.

Um Pilatos muito mais culto lavou as mãos.

Uma turba muito mais dedicada de compatriotas exigiu a sua morte.

Um bando muito mais fiel de discípulos se espalhou.

Quando parece que todos lhe deram as costas, um bandido se coloca entre Jesus e seus acusadores e o defende.

"Tu nem ainda temes a Deus estando na mesma condenação? Nós, na verdade com justiça, pois recebemos o que os nossos feitos mereciam. Mas este nenhum mal fez" (Lucas 23.40-41).

Os soldados erguem o olhar. Os sacerdotes param de tagarelar. Maria enxuga as lágrimas e levanta os olhos. Ninguém havia sequer notado o sujeito, mas agora todos olham para ele.

Talvez até Jesus olhe para ele. Talvez se volte para ver aquele que falou quando todos os outros permaneceram calados. Talvez se esforce por focalizar os olhos naquele que ofereceu esse último gesto de amor que receberia enquanto vivo. Gostaria de saber se Jesus Cristo sorriu quando essa ovelha vagueou aprisco adentro.

Pois isso, de fato, é exatamente o que o criminoso está fazendo. Aos tropeços, está alcançando a segurança na horinha em que o portão vai se fechar. Na afirmação do ladrão encontram-se dois fatos que qualquer pessoa precisa reconhecer para ir a Jesus. Examine a frase outra vez. Você pode ver esses dois fatos?

"Nós, na verdade, com justiça, pois recebemos o que os nossos feitos mereciam" (Lucas 23.41).

Somos culpados e ele é inocente.

Somos imundos e ele é puro.

Estamos errados e ele está certo.

Ele não está naquela cruz por causa dos próprios pecados. Está ali por causa dos nossos.

O presente de última hora

E já que o bandido entendeu isso, seu pedido parece apenas natural. Ao olhar dentro dos olhos de sua última esperança, ele fez o mesmo pedido que qualquer cristão fez.

"Senhor, lembra-te de mim quando entrares no teu reino" (Lucas 23.42).

Nenhum sermão pré-fabricado. Nenhuma desculpa. Apenas um pedido desesperado de ajuda.

Nesse ponto Jesus opera o maior milagre da cruz. Maior do que o terremoto. Maior do que o rasgar do véu do templo. Maior do que a escuridão. Maior do que os santos ressuscitados aparecerem nas ruas.

Ele opera o milagre do perdão. Um criminoso encharcado de pecado é recebido por um Salvador manchado de sangue.

"Em verdade te digo que hoje estarás comigo no paraíso" (Lucas 23.43).

Puxa! Alguns segundos antes o ladrão era apenas um mendigo apertando nervosamente o chapéu à porta do castelo, perguntando se o Rei poderia ceder-lhe algumas migalhas. Mas agora ele está segurando a despensa toda.

Tal é a definição de graça.

Terceiro ponto de ancoragem

Minha morte não é o fim

CAPÍTULO 14
Deus x a morte

Eis que vos digo um mistério. Na verdade, nem todos dormiremos, mas todos seremos transformados (1Coríntios 15.51).

Eu ia passar só um dia em Washington, e esse dia estava cheio de atividades. Mesmo assim, tinha de vê-lo. Havia lido a respeito dele, ouvido falar dele, visto noticiários e fotos, mas agora tinha de vê-lo por mim mesmo.

— Terá apenas cerca de dez minutos — explicou-me o meu anfitrião.

— Dez minutos é tudo de que preciso — disse-lhe eu. Então, ele encostou o carro e eu desci.

O céu cinzento deixava cair um manto de garoa. Fechei o casaco com mais força em volta do pescoço. As árvores nuas e a grama morta formavam um cenário apropriado para a minha missão. Caminhei algumas centenas de metros, desci uma calçada inclinada e lá estava ele. O monumento do presidente Washington à minha esquerda, o monumento comemorativo do presidente Lincoln às minhas costas, e diante de mim se estendia o monumento comemorativo dos veteranos da guerra do Vietnã.

O muro das lamentações de uma geração. Placas de mármore negro entalhadas com nomes que mais faziam lembrar a lista de chamada de uma equipe de futebol juvenil do que uma lista de soldados mortos: Walter Faith, Richard Sala, Michael Andrews, Roy Burris, Emmet Stanton.

Cada nome, uma vida jovem. Por trás de cada nome havia uma viúva enlutada... uma mãe angustiada... uma criança órfã de pai.

Olhei para baixo. A meus pés encontravam-se uma dúzia de rosas, encharcadas e enregeladas pelo mau tempo. A véspera tinha sido Dia dos Namorados. Uma namorada ou esposa tinha vindo ali para dizer: "Ainda me lembro. Não me esqueci."

Perto de mim estava um trio. Pela emoção em seus rostos, era óbvio que não tinham sido trazidos ali pela curiosidade. Tinham sido trazidos pela dor. O que estava no centro chamou-me a atenção. Vestia um casaco verde do exército. Era grandalhão. Era preto. Tinha barba.

Raivosas lágrimas lhe escorriam pelo rosto. Vinte anos de emoção ainda tentando encontrar uma saída.

Um casal caminhava atrás de mim. Procurava um nome. Em suas mãos estava um programa que lhes dizia em que placa procurar.

— Encontrou? — ouvi a mulher perguntar.
— Cada nome tem um número.

É verdade, pensei. Cada nome tem um número e mais cedo ou mais tarde todo número é chamado.

Foi então que deixei de olhar os nomes e fitei o monumento. Relaxei meu foco sobre o letreiro e olhei para a placa. O que vi fez-me pensar. Vi a mim mesmo. Vi meu próprio reflexo. Meu rosto olhava para mim através do mármore brilhante. Isso me fez lembrar que eu também tenho estado morrendo desde que comecei a viver. Eu também terei algum dia meu nome gravado numa pedra de granito. Algum dia, eu também enfrentarei a morte.

Morte. É o terror no decorrer da sua vida. Ela se aproxima de você no beco. Provoca-o no pátio do recreio. Atormenta-o quando está voltando para casa: "Você também morrerá algum dia."

Você a vê quando ela acompanha a carreata que acompanha o carro fúnebre. Ela está na sala de espera quando você sai pelas portas do centro de terapia intensiva. Está perto quando você fita as fotos das barrigas inchadas dos que estão morrendo de fome em Zimbábue. E estará observando sua expressão quando você diminuir a velocidade do carro ao passar pelo metal esmagado e os corpos enrolados em cobertores na estrada.

— Sua hora está chegando — diz ela com cinismo.

Oh, tentamos provar que está enganada. Corremos. Fazemos regime. Levantamos peso. Praticamos esporte. Tentamos escapar-lhe, sabendo o tempo todo que, na melhor das hipóteses, lhe adiaremos a chegada.

— Todo mundo tem um número — relembra ela.

E todo número será chamado.

Ela fará seu estômago contrair-se. Deixá-lo-á de olhos arregalados e pés arrastando. Cercá-lo-á com o medo. Roubará a alegria da sua juventude e a paz dos seus últimos anos. E se conseguir o que se dispôs a fazer, fará com que você fique com tanto medo de morrer que jamais aprenderá a viver.

Deus x a morte

É por isso que jamais deve enfrentá-la sozinho. Esse terror é grande demais pare você combater por si mesmo. É por isso que você precisa de um irmão mais velho.

Leia estas palavras e anime-se. 'Portanto, visto que os filhos participam da carne e do sangue (eu e você), também ele (Jesus, o nosso irmão mais velho) participou das mesmas coisas, para que pela morte aniquilasse o que tinha o império da morte, isto é, o diabo; e livrasse a todos os que, com medo da morte, estavam por toda a vida sujeitos à escravidão. Pois na verdade ele não socorre a anjos, mas sim à descendência de Abraão (nós)". "Visto, pois, que os filhos têm participação comum de carne e sangue (eu e você), destes também ele (Jesus, o nosso irmão mais velho), igualmente, participou, para que, por sua morte, destruísse aquele que tem o poder da morte, a saber, o diabo, e livrasse a todos que, pelo pavor da morte, estavam sujeitos à escravidão por toda a vida. Pois ele, evidentemente, não socorre a anjos, mas socorre a descendência de Abraão (nós)" (Hebreus 2.14-16. Parênteses meus).

Jesus desmascarou a morte e revelou quem ela realmente é — um fracote de quarenta e cinco quilos vestido em trajes de grande atleta. Jesus não tinha paciência com essa impostora.

Não conseguia sentar-se quieto enquanto a morte puxava o véu sobre a vida.

De fato, se você quiser algum dia saber como se conduzir num sepultamento, não procure em Jesus um exemplo. Ele interrompeu cada um a que compareceu.

Um salva-vidas não consegue sentar-se quieto enquanto alguém está se afogando. Um professor não consegue deixar de ajudar quando um aluno está confuso. E Jesus não podia ver um sepultamento e nada fazer.

Nesta última seção, vamos observar Jesus quando ele se encontra face a face com a morte. Vamos ver seus olhos se umedecerem quando ele enxerga seus irmãos e irmãs machucados e espancados pelo terror que é a morte. Vamos ver seus punhos se fecharem quando encontra sua inimiga. Vamos... bem, vire a página e verá por si mesmo.

Verá porque o cristão pode enfrentar cara a cara esse terror e reivindicar a promessa que ecoou no sepulcro vazio: "Minha morte não é o fim."

CAPÍTULO 15
Fantasia ou realidade?

Dois bandos. Um entrando na cidade e outro saindo. Não poderiam ser mais diferentes. O grupo que está chegando zumbe com riso e conversa. Ele segue a Jesus. O grupo que está saindo da cidade é solene — um rebanho de tristeza hipnotizado pelo réquiem da morte. À frente dele vai o motivo de sua dor — um corpo frio numa padiola de vime.

A mulher no fim da procissão é a mãe. Ela já percorreu essa trilha antes. Parece que foi ontem mesmo que enterrou o corpo do marido. O filho caminhava com ela então. Agora, ela anda sozinha, isolada em sua tristeza. É a vítima desse féretro.

É a que não tem nenhum braço em volta do ombro. É a que dormirá na casa vazia essa noite. É a que fará jantar para um e conversará com ninguém. É a mais ultrajada. A ladra chamada morte roubou seu diamante mais precioso — o companheirismo.

Os seguidores de Jesus param e se desviam para o lado quando a procissão passa como uma sombra. O manto de luto silencia o riso dos discípulos. Ninguém falou. O que poderiam dizer? Sentem o mesmo desespero sentido pelos espectadores de qualquer sepultamento. "Algum dia serei eu."

Ninguém interferiu. O que poderiam fazer? Sua única escolha era a de ficar parados olhando enquanto os que acompanhavam o enterro passava vagarosamente.

Jesus, contudo, sabia o que dizer e o que fazer. Quando viu a mãe, seu coração começou a partir-se... e seus lábios a apertar-se. Ele lançou um olhar penetrante ao anjo da morte que pairava sobre o corpo do rapaz. "Não desta vez, Satanás. Este rapaz é meu."

Naquele momento a mãe passou diante do Senhor da vida. Jesus dirigiu-se a ela. "Não chore." Ela se deteve e fitou o rosto desse desconhecido. Se não estava chocada com a presunção dele, pode apostar que alguns dos que testemunharam a cena estavam.

Não chore? Não chore? Que tipo de pedido é esse?

Um pedido que somente Deus pode fazer.

Fantasia ou realidade?

Jesus encaminhou-se na direção do esquife e tocou-o. Os que o carregavam detiveram-se. Os acompanhantes deixaram de gemer. Enquanto Jesus fitava o rapaz, a multidão fez silêncio.

O demônio estava empoleirado como uma aranha sobre o corpo. Estava se deliciando com o desfile. Era o diretor do presídio. As pessoas eram as prisioneiras. Ele fazia marchar os condenados para a execução. Eles observavam por trás de grades invisíveis, prisioneiros e angustiados. Ele se havia regalado com o medo em seus rostos. Havia rido de seu desespero.

Em seguida, ouviu a voz. Aquela voz... ele conhecia o dono. Suas costas se curvaram e ele sibilou instintivamente.

O demônio voltou-se. Não viu o que os outros viam. Não viu o rosto do Nazareno. Não ouviu a voz do homem. Viu a ira de Deus. Ouviu a ordem de um Rei.

"Saia daqui."

Não precisou que lhe dissessem duas vezes.

Jesus voltou sua atenção para o rapaz morto. "Jovem", sua voz estava calma, "retorne à vida."

Os vivos se mantiveram imóveis enquanto o morto revivia. Dedos rígidos se moveram.

Faces acinzentadas coraram. O morto sentou-se.

A descrição feita por Lucas do que aconteceu a seguir é cativante.

"Jesus o entregou à mãe dele" (Lucas 7.15).

O que você sentiria num momento como esse? O que faria? Um desconhecido lhe diz que não chore ao contemplar seu filho morto. Alguém que se recusa a chorar no meio da tristeza desmascara o diabo, e em seguida sacode você com um grito que penetra as cavernas da morte. Subitamente o que havia sido tomado é restituído. O que havia sido roubado é recuperado. Aquilo de que você havia desistido lhe é devolvido.

Jesus deve ter sorrido quando os dois se abraçaram. Atônita, a multidão rompeu em vivas e aplausos. Uns abraçavam aos outros e congratulavam-se com Jesus. Alguém proclamou o inegável: "Deus visitou o seu povo" (Lucas 7.16).

Jesus deu à mulher muito mais do que o filho. Deu-lhe um segredo — um sussurro que foi ouvido por nós.

— Aquilo — disse ele apontando para a padiola de vime — aquilo é fantasia. Isto — sorriu, colocando um braço em torno do rapaz — isto é realidade.

CAPÍTULO 16
A centelha da eternidade

Wallace era um homem importante. O tipo de homem que você encontraria conduzindo a oração de abertura numa sessão solene ou servindo como presidente de algum clube importante. Ele usava título e colarinho sacerdotal e tinha mãos macias, sem calos.

Tinha um bom gabinete logo ao lado do templo. Sua secretária era um tanto rançosa, mas ele não. Era dono de um sorriso cálido que derretia a apreensão da pessoa quando ela atravessava a porta do seu gabinete. Ele se sentava numa cadeira giratória de couro e tinha diplomas na parede. Seu jeito de ouvir tornava a pessoa disposta a contar segredos que jamais havia contado a quem quer que fosse.

Era um bom homem. Seu casamento não estava sendo tudo o que poderia ser, mas era melhor do que a maioria. Sua igreja estava sempre cheia. Seu nome era respeitado. Gostava de jogar golfe e a igreja lhe havia comprado um título do clube de campo para comemorar seu vigésimo aniversário com a congregação. As pessoas o reconheciam em público e afluíam para ouvi-lo na Páscoa e no Natal. Seu fundo de aposentadoria ia crescendo e ele estava a menos de uma década de pendurar as vestes sacerdotais e acomodar-se num outono de manhãs suaves e bons livros.

Se cometia algum pecado, ninguém sabia. Se tinha algum medo, ninguém ouvia nada a respeito — o que pode ter sido seu mais grave pecado.

Wallace amava as pessoas. Nessa manhã, contudo, ele não quer saber de gente. Quer estar a sós. Chama a secretária pelo interfone e avisa que não vai receber nenhum outro chamado pelo resto do dia. Ela não estranha. Ele esteve ao telefone a manhã toda. Ela acha que ele precisa de tempo para estudar. Está parcialmente correta. Ele esteve ao telefone a manhã toda e precisa realmente de tempo. Não para estudar, entretando. Tempo para chorar.

Wallace olha a foto de vinte por vinte e cinco centímetros que fica no aparador de mogno atrás de sua escrivaninha. Através de olhos lacrimejantes ele fita a filha de doze anos.

A centelha da eternidade

Aparelhos nos dentes. Duas maria-chiquinhas. Sardas. Ela é um reflexo de sua esposa — olhos azuis, cabelos castanhos, nariz arrebitado. A única coisa que pegou do pai foi o coração. É a sua dona. E o pai não tem a mínima intenção de pedir-lhe que o devolva.

Ela não é sua única filha, mas é a caçula. E é a filha única. Ele havia construído uma cerca protetora em volta de sua garotinha. Talvez fosse por isso que nos últimos dias ele houvesse sofrido tanto. A cerca havia ruído.

Tudo começou seis dias atrás. Ela veio da escola para casa mais cedo, febril e irritadiça. Sua esposa a havia colocado na cama, achando que era gripe. Durante a noite a febre subiu. Na manhã seguinte levaram-na às pressas ao hospital.

Os médicos estavam perplexos. Não podiam precisar qual era o problema. Podiam penas concordar num ponto — ela estava mal e piorando cada vez mais.

Wallace jamais havia sentido tamanha impotência. Não sabia como enfrentar sua dor. Estava tão acostumado a ser forte que não sabia ser fraco. Assegurava a todos quantos chamavam que a filha estava bem. Tranquilizava todos quantos perguntavam dizendo que Deus era um Deus grandioso. Tranquilizava todos, menos ele próprio.

No íntimo, suas emoções eram um rio possante. E sua represa estava começando a trincar. Foi a chamada do médico nessa manhã que a rompeu. "Ela está em coma."

Wallace desliga o telefone e avisa a secretária para não transmitir as chamadas. Inclina-se, apanha a foto e segura-a nas mãos. Subitamente as palavras rodopiam em sua cabeça como um carrossel. "Não é justo, não é justo."

Ele se dobra, segura a foto de encontro ao rosto e chora.

Nada está certo a respeito disso. Nada. "Por que uma garotinha de doze anos? Por que ela, por misericórdia?" Seu rosto se endurece quando ele olha pela janela na direção do céu cinzento.

— Por que não leva a mim? — grita.

Ele se endireita. Caminha até a mesinha de centro na frente do sofá e apanha a caixa de lenços de papel que mantém à mão para quem vem aconselhar-se. Ao assoar o nariz, olha pela janela para o pátio da igreja. Um senhor idoso está sentado lendo um jornal. Outro entra, senta-se ao lado do primeiro, e joga migalhas de pão sobre as pedras. Ouve-se o farfalhar de asas quando um bando de pombos sai adejando do telhado e arrebata o alimento.

Vocês não sabem que minha filha está morrendo? Como podem comportar-se como se não houvesse nada errado?

Ele está pensando na filha. Na primavera ela costumava passar por ali todos os dias quando vinha da escola para casa. Esperava no pátio para ele acompanhá-la à casa. Ele a ouvia afugentando os pombos lá em baixo e sabia que era hora de ir embora. Parava o que estivesse fazendo, postava-se junto a essa mesma janela e a observava. Observava-a andar equilibrando-se na guia que cercava o jardim. Observava-a apanhar uma flor silvestre no gramado. Observava-a rodopiar e rodopiar até ficar tão tonta que caía de costas e via as nuvens rodopiarem no céu.

— Oh, princesa, dizia. — Minha pequenina.

Então, empilhava seus livros e dores de cabeça sobre a escrivaninha e descia ao encontro dela.

Mas não é primavera e a filha não está no pátio. É inverno, sua pequenina está quase morta e dois velhos estão sentados num banco.

— Querida, querida princesa.

De repente, um terceiro homem entra no pátio. Ele diz algo aos outros dois. Em seguida, os três saem apressados. *Deve ser alguma briga*, pensa Wallace consigo mesmo. Então, ele se lembra. *O mestre. Ele chegou.*

Quase se havia esquecido. Jesus ia chegar hoje. Quando Wallace estava saindo de casa nessa manhã, o vizinho perguntou se ele ia ver o polêmico mestre.

Intimamente ele havia caçoado da ideia.

— Não, estou muito ocupado hoje — havia respondido com um aceno, sabendo que mesmo num dia tranquilo ele não reservaria tempo para ir ver um mestre itinerante. Especialmente esse.

As publicações da central haviam qualificado esse sujeito de excêntrico. Algumas chegaram a dizer que ele era louco. Mas as multidões o cercavam como se ele fosse um presente de Deus para a humanidade.

Eu vou. Wallace ouviu novamente a resposta do vizinho dentro da cabeça.

"É", disse Wallace para si mesmo. "Você também assina o *Diário Popular*."

A centelha da eternidade

"Dizem que ele é capaz de curar...", lembrou-se de seu vizinho ter dito.

Wallace endireitou-se. Em seguida, relaxou. "Não seja bobo."

"Curandeiros milagrosos são um insulto à nossa profissão," havia declarado durante uma palestra que fizera no seminário no último outono. "Parasitas do povo, charlatães da igreja, profetas atrás de lucro." Ele havia visto esses tipos na televisão, enfiados dentro de jaquetões, ostentando sorrisos de manequim e rostos empoados. Ele meneia a cabeça e caminha de volta à escrivaninha. Apanha a fotografia.

Fita o rosto da filha que está prestes a ser-lhe arrebatada. "Dizem que ele é capaz de curar..."

Wallace começa a pesar suas opções. "Se eu for e me reconhecerem, perderei meu cargo. Mas se ela vier a morrer mesmo podendo ele fazer alguma coisa..." A pessoa chega ao ponto em que o desespero está um degrau acima da sua dignidade. Ele dá de ombros. "Que escolha tenho?"

Os acontecimentos daquela tarde redirecionaram a vida de Wallace. Ele contava a história sempre que tinha oportunidade.

Dei a volta na rodoviária três vezes antes de encontrar um lugar para estacionar. O vento frio cortava-me as orelhas enquanto eu revirava os bolsos à procura do talão de Zona Azul. Abotoei meu casacão até o nó da gravata, voltei-me de encontro ao vento e caminhei.

Passei pela vitrina de uma loja de penhores ainda enfeitada para as festas de fim de ano. Alguém saiu de um bar quando eu passava por ali. Uns dez ou mais adolescentes de calças justíssimas reclinavam-se contra um muro de pedras. Um deles atirou um toco de cigarro a meus pés. Três homens de jaquetas de couro e calças de brim aqueciam as mãos sobre o fogo aceso num tambor de quarenta litros. Um deles riu quando eu passei. "Olhem só, um *cachorro de raça* na fábrica de sabão." Não me voltei. Se ele estava falando a meu respeito, eu não queria saber.

Senti-me desajeitado. Havia muitos anos desde que eu estivera nessa parte da cidade. Relanceei os olhos pelo meu reflexo na vitrina de uma farmácia. Casaco comprido de lã. Sapatos finos. Terno cinza. Gravata vermelha. Não era de se admirar que eu estivesse fazen-

A centelha da eternidade

do as cabeças virarem. Suas perguntas estavam escritas em seus olhos. "O que traz o Don Elegante a estes lados?"

A rodoviária estava superlotada. Mal consegui esgueirar-me pela porta.

Uma vez dentro, eu não conseguiria ter saído. Cabeças subiam e abaixavam como rolhas num lago. Todos tentavam atravessar o aposento até o lado em que os passageiros desembarcados entravam no terminal. Dei um jeito de me espremer pelo meio deles. Estavam apenas curiosos; eu, desesperado.

Quando cheguei à janela, eu o vi. Estava em pé perto do ônibus. Só havia conseguido adiantar-se uns dois passos contra o muro de gente.

Ele parecia normal demais. Usava uma jaqueta de veludo cotelê, do tipo que tem remendos nos cotovelos. Suas calças não eram novas mas eram boas. Sem gravata. O contorno do couro cabeludo entrava um pouco antes de tornar-se uma torrente de caracóis castanhos. Eu não conseguia ouvir-lhe a voz, mas podia ver seu rosto. As sombrancelhas eram espessas. Ele tinha um brilho nos olhos e um sorriso nos lábios — como se estivesse vendo alguém desembrulhar o presente de aniversário que ele havia acabado de lhe dar.

Era tão diferente do que eu havia antecipado que precisei perguntar a uma senhora ao meu lado se era ele mesmo. — É ele — sorriu ela. — É Jesus.

Ele inclinou-se e desapareceu por um minuto e reapareceu segurando uma criancinha. Sorriu. Com as mãos em torno do peito do garotinho, ele o ergueu bem alto no ar e segurou-o ali. As mãos eram vigorosas e esguias. Alguém me havia dito que Jesus cresceu no estado de Mississipi — filho de um mecânico em Tupelo. Ele abaixou o garotinho e começou a caminhar na direção da porta.

Eu sabia que, se ele entrasse na rodoviária, jamais conseguiria fazer com que saísse. Empurrei as mãos de encontro ao vidro da janela e pus-me a esgueirar ao longo dela. As pessoas reclamavam, mas fui me movendo mesmo assim.

Quando cheguei à entrada, Jesus também chegou. Nossos olhos se encontraram. Fiquei paralizado. Acho que não havia pensado no que lhe diria. Talvez tivesse achado que ele me reconheceria. Talvez tivesse pensado que ele me perguntaria se havia algo que ele pudesse

A centelha da eternidade

fazer. "Oh, minha filha está doente e achei que você poderia fazer uma oração..."

Não foi assim que aconteceu. As palavras se engarrafaram na minha garganta. Senti os olhos lacrimejarem, o queixo tremer e os joelhos atingirem o chão desigual.

— É a minha filha, a minha menininha... ela está muito doente. Será que podia fazer o favor de tocá-la para que ela não morra?

Arrependi-me das palavras assim que as disse. Se ele for um homem, então pedi o impossível. *Se for mais do que homem, que direito tenho de fazer tal pedido?*

Não me atrevi a erguer o olhar. Estava envergonhado. Se a multidão quisesse ir a algum lugar, teria de passar por volta de mim. Eu não tinha coragem de levantar o rosto.

Acho que ele sabia que eu não tinha. E o fez por mim.

Senti seus dedos debaixo do meu queixo. Ele ergueu-me a cabeça. Não precisou erguê-la muito. Havia-se ajoelhado à minha frente. Olhei dentro dos seus olhos. O olhar desse jovem pregador abraçou este velho pastor como os braços de um velho amigo. Eu soube, então, que conhecia esse homem. Em alguma parte, havia visto esse olhar. Eu conhecia esses olhos.

— Leve-me a ela. — Sua mão moveu-se por baixo do meu braço. Ele me ajudou a levantar.
— Onde está o seu carro?

— Meu carro? Por aqui! — Agarrei-lhe a mão e pus-me a lutar para abrir caminho em meio à multidão. Não foi fácil. Com minha mão livre eu abria caminho entre as pessoas como se estivesse afastando pés de milho num milharal. Rostos caíam sobre nós. Jovens mães querendo uma bênção para os filhos. Rostos velhos com bocas encovadas querendo escapar da dor.

De repente, perdi a sua mão. Ela escorregou da minha. Voltei-me e vi-o parado, olhando. Sua parada abrupta surpreendeu a multidão. Ela silenciou. Percebi que o rosto dele estava pálido. Disse algo como se estivesse falando consigo mesmo.

— Alguém me tocou.

— O quê? — perguntou um dos seus próprios homens.

— Alguém me tocou.

Achei que ele fazia uma piada. Ele voltou-se, estudando devagar cada rosto. Por mais

A centelha da eternidade

que eu tentasse, não conseguia dizer se ele estava zangado ou encantado. Estava procurando alguém que não conhecia, mas sabia que reconheceria quem era quando a visse.

— Eu o toquei. — A voz estava do meu lado.

Jesus voltou-se sobre os calcanhares.

— Fui eu. Sinto muito. — A cortina da multidão abriu-se deixando uma moça no centro da cena. Era magrinha, quase frágil. Eu podia ter-lhe envolvido o antebraço com a mão e tocado o indicador com o polegar. Tinha a pele escura e o cabelo estava preso em centenas de trancinhas com contas em cada ponta. Ela não tinha casaco. Apertou os braços de encontro ao corpo — mãos apertando os cotovelos ossudos, tanto de medo quanto de frio.

— Não tenha medo — assegurou Jesus. — Qual é o seu problema?

— Tenho AIDS.

Alguém atrás de mim abafou uma exclamação. Diversas pessoas deram um passo para trás.

Jesus adiantou-se na direção dela.

— Conte-me a respeito.

Ela olhou para ele, olhou à volta para a aglomeração de gente, engoliu seco e começou:

— Eu estava sem dinheiro. Os médicos disseram que era apenas uma questão de tempo. Eu não tinha aonde ir. Mas agora...

Ela abaixou os olhos e pôs-se a sorrir. Sorria como se alguém tivesse acabado de sussurrar-lhe uma boa notícia ao ouvido.

Olhei de novo para Jesus. Minha nossa, ele estava sorrindo também! Os dois ficaram ali e olhavam um para o outro, sorrindo como se fossem os dois únicos garotos na classe que soubessem a resposta à pergunta da professora.

Foi então que vi o olhar novamente. O mesmo olhar que apenas momentos antes me havia achado quando ergui os olhos do chão. Aqueles mesmos olhos que eu sabia já ter visto, vi outra vez. Onde? Onde havia visto aqueles olhos?

Voltei-me e olhei para a moça. Por um momento ela olhou para mim. Eu queria dizer-lhe algo. Acho que ela sentia o mesmo impulso. Éramos tão diferentes, mas agora tínhamos tudo em comum: que estranho par formávamos! Ela, com os braços pontilhados de picadas e amantes da meia-noite; eu, com unhas e esboços de sermões limpos. Eu havia passado toda a vida dizendo às pessoas que não fossem como ela. Ela havia passado toda a vida

A centelha da eternidade

evitando hipócritas como eu. Mas agora havíamos sido jogados juntos contra o inimigo da morte, esperando desesperadamente que esse pregador rústico pudesse dar um nó na ponta de nossas cordas esfrangalhadas a fim de que pudéssemos nos aguentar por mais tempo.

Jesus falou:

— Isto aconteceu devido à sua fé. Agora vá e goze a vida.

Ela resistiu e não conseguiu esconder sua alegria. Sorriu, olhou de novo para Jesus, pulou e beijou-o no rosto.

A multidão riu, Jesus corou, e ela desapareceu.

Eu não havia percebido, mas enquanto Jesus falava alguns outros homens tinham conseguido penetrar pela multidão. Estavam em pé atrás de mim. Quando os ouvi falar, imediatamente reconheci-lhes as vozes. Eram da minha congregação. Um deles colocou a mão no meu ombro.

— Não há necessidade de incomodar mais este mestre, sua filha está morta.

As palavras me atingiram como dardos, mas Jesus as interceptou:

— Não tenha medo, apenas confie em mim.

Os próximos momentos foram um dilúvio de atividades. Disparamos pela multidão, pulamos no carro do homem que trouxe a notícia e voamos para o hospital.

A sala de espera estava cheia. Membros da igreja, vizinhos e amigos estavam reunidos ali. Alguns choravam abertamente. Vi minha esposa, pálida e muda, sentada numa das cadeiras. Seus olhos estavam vermelhos. Sua mão tremia enquanto ela enxugava uma lágrima.

Quando entrei, veio gente me confortar. Jesus deu um passo e colocou-se na frente deles. Eles se detiveram e olharam para aquele estranho.

— Por que estão chorando? — perguntou ele. — Ela não está morta, está apenas dormindo.

Ficaram atônitos. Sentiram-se insultados.

— Como se pode dizer algo tão insensível? Gritou alguém. — Quem é você afinal?

— Tirem esse palhaço daqui!

Mas ir embora era a última coisa que Jesus tinha em sua pauta. Ele voltou-se e dentro de poucos segundos estava em pé na frente do quarto hospitalar de minha filha. Fez sinal para

A centelha da eternidade

que alguns de nós o acompanhássemos. Foi o que fizemos.

Nós seis nos postamos ao lado do leito de minha filha. O rosto dela estava acinzentado. Seus lábios secos e imóveis. Toquei-lhe a mão. Estava fria. Antes que eu pudesse dizer qualquer coisa, a mão de Jesus estava sobre a minha. Com a exceção de um instante, ele jamais tirou os olhos da menina. Mas durante aquele instante, olhou para mim. Olhou para mim com aquele mesmo olhar, aquele mesmo leve sorriso. Estava dando outro presente e não podia esperar para ver a reação quando o presente fosse aberto.

— Princesa — as palavras foram ditas suavemente, quase num sussurro. — Levante-se!

A cabeça dela moveu-se de leve como que escutando uma voz. Jesus afastou-se. O tronco dela inclinou-se para frente e ela sentou-se na cama. Seus olhos se abriram. Ela virou-se, colocou os pés descalços no chão e ficou em pé.

Ninguém se mexeu enquanto minha esposa e eu olhávamos nossa menina encaminhar-se para nós. Abraçamo-la por uma eternidade — quase achando que não podia ser verdade, e não querendo saber se não fosse. Mas era.

— É melhor arrumar alguma coisa para ela comer — brincou Jesus com um sorriso. — Provavelmente está faminta. — Em seguida, ele voltou-se para partir.

Estendi a mão e toquei-lhe o ombro. Minha boa vontade estava em meus olhos.

— Deixe-me retribuir o favor. Posso apresentá-lo às pessoas certas. Conseguirei convites para falar nos lugares certos.

— Vamos manter isto apenas entre nós, está bem? — E ele e os três amigos silenciosos saíram do quarto.

Durante semanas depois disso fiquei perplexo. Oh, claro que sentia-me maravilhado e exultante. Mas meu gozo estava salpicado pelo mistério. Por onde quer que eu fosse, via-lhe o rosto. Seu olhar me acompanhava. Mesmo enquanto escrevo isto, posso vê-lo.

A cabeça um tantinho inclinada. Uma terna chispa de antecipação debaixo das sobrancelhas grossas. Aquele olhar que sussurrava: "Venha cá, tenho um segredo."

Agora já sei onde tinha visto aquele olhar antes. De fato, vi-o novamente — diversas vezes.

A centelha da eternidade

Vi-o nos olhos de uma paciente cancerosa que visitei ontem. Careca por causa da quimioterapia. Olhos ensombreados pela moléstia. A pele era macia e a mão ossuda. Ela me reconheceu quando acordou. Nem mesmo disse oi. Apenas ergueu as sobrancelhas e seus olhos brilharam, dizendo:

— Estou pronta, Wallace. Estou pronta para ir.

Vi-o na semana passada quando falava num sepultamento. O viúvo, um senhor de rosto enrugado com cabelos brancos e óculos bifocais. Ele não chorava como os demais. Na realidade, em certo ponto acho que o vi sorrir. Apertei-lhe a mão depois da cerimônia.

— Não se preocupe comigo — exclamou. Depois acenou-me para que me inclinasse a fim de que ele pudesse dizer-me algo ao ouvido. — Sei onde ela está.

Mas foi hoje de manhã que o vi com mais clareza. Havia querido perguntar-lhe por dias, mas o momento certo nunca tinha chegado. Hoje cedo, chegou. À mesa do café, somente nós dois, ela com o seu cereal, eu com o meu jornal, virei-me para a minha filha e perguntei.

— Princesa?

— Sim, papai?

— Como foi?

— Como foi o quê?

— Quando você já não estava aqui. Como foi?

Ela nada disse. Apenas voltou a cabeça de leve e olhou pela janela. Quanto voltou-se para mim de novo, o fulgor estava lá. Ela abriu a boca e depois fechou-a, depois abriu-a novamente.

— É um segredo, papai. Um segredo tão bom que não há palavras que o expressem.

Paz onde deveria existir dor. Confiança no meio da crise. Esperança desafiando o desespero. É o que esse olhar diz. É um olhar que conhece a resposta à pergunta feita por todo mortal:

— A morte tem a última palavra?

Posso ver Jesus piscar ao dar a resposta.

— Sobre tua vida, jamais.

(Baseado em Marcos 5.22-43; Mateus 9.18-26 e Lucas 8.41-56.)

CAPÍTULO 17
Terceiro assalto: "Lázaro, vem para fora!"

Quando o famoso agnóstico Robert Ingersoll morreu, o programa impresso de seu sepultamento trazia esta solene instrução: 'Não haverá cânticos.'

Poucos são os que têm vontade de cantar em face da morte. Correr, talvez. Chorar, provavelmente. Mas cantar? Não na morte. A morte rouba a nossa razão de cantar. A morte tira os cânticos de nossos lábios e em seu lugar deixa línguas imóveis e faces inundadas de lágrimas.

Também não havia cânticos no sepultamento a que Jesus compareceu, e sim luto. Choro. Lamentação. Mas não cânticos.

A casa parecia mais uma prisão do que uma residência. Havia gente se arrastando por ali sem rumo, os rostos descorados e os olhos, luas cheias de medo. Em seus lábios não havia música, não havia riso — apenas a notícia agourenta que lhes lembrava seu próprio destino: outro prisioneiro havia sido obrigado a marchar do corredor da morte para o patíbulo. Lázaro estava morto. Os demais aguardavam a sua vez.

Shoikoi Yokoi passou vinte e oito anos numa prisão. Não uma prisão de paredes, mas uma prisão de medo. Quando a maré começou a mudar na Segunda Guerra Mundial, Shoikoi era soldado japonês na ilha de Guam. Temendo que a derrota significasse captura certa pelas forças norte-americanas, ele fugiu para a floresta e escondeu-se numa caverna. Mais tarde, ficou sabendo que a guerra havia terminado ao ler um dos milhares de folhetos lançados na floresta por aviões norte-americanos. Ainda assim, temia ser tomado como prisioneiro, por isso permaneceu em sua caverna.

Por mais de um quarto de século, ele saiu somente à noite. Viveu de sapos, ratos, baratas e mangas. Foi apenas quando alguns caçadores o descobriram que ele se convenceu de que era seguro sair da floresta.

— Chocante — dizemos. — Como pôde alguém ser tão cego?

— Trágico — suspiramos. — Que desperdício de vida.

Terceiro assalto: "Lázaro, vem para fora!"

— Uma pena — lamentamos — que um ser humano pudesse estar tão aprisionado pelo medo que deixasse de viver.

Uma vida desperdiçada andando para lá e para cá em uma cela de medo construída por ele mesmo. Isso é chocante. É uma pena. E também é muito comum.

O medo da morte já encheu mil prisões. Não se pode ver as paredes. Não se pode ver o diretor. Não se pode ver as fechaduras. Mas pode-se ver os prisioneiros. Pode-se vê-los ao sentarem-se nos catres, lamentando o seu destino. Eles querem viver, mas não podem porque estão fadados a fazer aquilo que mais desejam evitar — vão morrer.

E, quanto a bola e a corrente da morte são restritivas: tenta-se fugir delas — não dá. Tenta-se correr com elas — são pesadas demais. Tenta-se ignorá-las, e elas puxam-no para a realidade.

Ontem mesmo visitei um lar que estava usando a negra coroa fúnebre da morte. A mais jovem das três filhas, uma moça de vinte e dois anos, recém-casada, havia morrido numa colisão entre um caminhão e um ônibus. Os olhos que me receberam à porta eram os de um prisioneiro. A família estava como refém nas mãos de perguntas sem respostas. Aprisionada pela tristeza, ela não conseguia caminhar doze passos sem dar de encontro com o muro de tijolos da descrença.

Era o suficiente para fazer a gente chorar. É suficiente para fazer Deus chorar.

A garganta de Jesus se constringiu enquanto ele caminhava entre os detentos. Ele mirou os rostos pálidos por meio de olhos lacrimejantes. Por quanto tempo dariam eles ouvidos à mentira de Satanás? Por quanto tempo permaneceriam escravizados? O que ele teria de fazer para convencê-los? Não lhes havia provado em Naim? A ressurreição da filha de Jairo não havia sido prova suficiente? Por quanto tempo essas pessoas se trancariam nessa prisão de medo construída por mãos humanas? Ele lhes havia mostrado a chave que destrancava a porta. Por que não a usavam?

— Mostrem-me o sepulcro.

Eles o conduziram ao lugar do sepultamento de Lázaro. Era uma caverna com uma pedra colocada sobre a entrada. Sobre a pedra havia sido tecida a teia de aranha da finalidade.

Terceiro assalto: "Lázaro, vem para fora!"

"Nunca mais!" jactava-se a pedra. "Nunca mais estas mãos se moverão. Nunca mais esta língua falará. Nunca mais!"

Jesus chorou. Chorou não pelo morto, mas pelos vivos. Chorou não por aquele que estava na caverna da morte, mas por aqueles que estavam na caverna do medo. Chorou por aqueles que, embora vivos, estavam mortos. Chorou por aqueles que, embora livres, eram prisioneiros, mantidos em cativeiro pelo medo da morte.

— Retirem a pedra.— A ordem foi suave mas firme.

— Mas, Jesus, vai... vai cheirar mal.

— Retirem a pedra para poderem ver a Deus.

As pedras nunca foram obstáculos para Deus. Não o foram em Betânia há dois mil anos. E não o foram na Europa há cem anos.

Ela era uma condessa de Hanover. Se era conhecida por alguma coisa, era conhecida por sua descrença em Deus e pela convicção de que ninguém podia tirar vida de um sepulcro.

Antes de sua morte, ela deixou instruções específicas de que seu túmulo fosse selado com uma laje de granito; pediu que blocos de pedra fossem colocados ao redor de seu túmulo e que os cantos dos blocos fossem presos uns aos outros e à laje de granito por pesados grampos de ferro.

A seguinte inscrição foi colocada no granito:

> Este sepulcro,
> comprado por toda a eternidade,
> nunca deve ser aberto.

Tudo o que qualquer pessoa pudesse fazer para selar o túmulo foi feito. A condessa havia assegurado que seu túmulo servisse de zombaria para a crença na ressurreição. Mas uma pequena bétula, entretanto, tinha outros planos. Sua raiz conseguiu passar entre as lajes e afundar-se no chão. Com o passar dos anos, ela forçou passagem até que os grampos de ferro se soltaram e a tampa de granito foi erguida. A cobertura de pedra descansa agora contra o tronco da bétula, o epitáfio jactancioso permanentemente silenciado pela obra de uma árvore resoluta... ou um Deus poderoso.

— *Lázaro, vem para fora!*

Só foi preciso um chamado. Lázaro ouviu seu nome. Seus olhos se abriram debaixo da faixa. As mãos enfaixadas se ergueram. Joelhos levantaram-se, pés tocaram o chão, e o morto saiu.

Terceiro assalto: "Lázaro, vem para fora!"

— Tirem-lhe as vestes mortuárias e deixem-no ir.

Existe uma história contada no Brasil a respeito de um missionário que descobriu uma tribo de índios numa parte remota da floresta. Eles viviam perto de um grande rio. A tribo era amigável e precisava de atenção médica. Uma moléstia contagiosa estava devastando a população e muita gente morria diariamente. Havia uma enfermaria em outra parte da floresta e o missionário determinou que a única esperança para a tribo era ir ao hospital para tratamento e vacinações. Para poderem chegar ao hospital, entretanto, os índios teriam de atravessar o rio — uma façanha que eles não estavam dispostos a realizar.

O rio, acreditavam, era habitado por espíritos maléficos. Entrar na água significava morte certa. O missionário deu início à difícil empreitada de superar a superstição da tribo.

Ele explicou como havia atravessado o rio e chegado ileso. Não teve sorte. Levou o povo à margem e colocou a mão na água. Ainda assim os índios não acreditaram nele. Ele entrou no rio e borrifou água no rosto. O povo observou atentamente, mas ainda hesitava. Por fim, ele voltou-se e mergulhou na água. Nadou por baixo da superfície até sair do outro lado.

Tendo provado que o poder do rio era uma farsa, o missionário socou o ar com punho vitorioso. Ele havia entrado na água e escapado. Os índios romperam em vivas e seguiram-no ao outro lado.

Jesus viu gente escravizada pelo medo de um poder barato. Ele explicou que o rio da morte não era nada a temer. As pessoas não acreditaram nele. Ele tocou um rapazinho e trouxe-o de volta à vida. Os seguidores ainda não estavam convencidos. Ele insuflou vida ao corpo morto de uma menina. As pessoas ainda continuaram cínicas. Ele deixou um homem morto passar quatro dias num sepulcro e depois o chamou para fora. É suficiente? Aparentemente não. Pois foi necessário que ele entrasse no rio, que submergisse na água da morte antes de as pessoas acreditarem que a morte havia sido conquistada.

Mas depois que ele o fez, depois que saiu no outro lado do rio da morte, foi hora de cantar... foi hora de celebrar, foi hora de entoar cânticos e júbilos!

(Baseado em João 11.1-37.)

CAPÍTULO 18
A celebração

Uma festa era a última coisa que Maria esperava ao aproximar-se do túmulo naquela manhã de domigo. Os últimos dias não haviam trazido nada digno de celebrar-se. Os judeus podiam celebrar — estavam livres de Jesus. Os soldados podiam celebrar — mantinham o controle do túmulo. Mas Maria não podia celebrar. Para ela, os últimos dias nada haviam trazido além de tragédia.

Maria havia estado lá. Ouviu os líderes clamarem pelo sangue de Jesus. Testemunhou o açoite romano rasgar-lhe a pele das costas. Estremeceu quando os espinhos lhe retalharam a fronte, e chorou ante o peso da cruz.

No Louvre existe um quadro da cena da cruz. No quadro, as estrelas estão mortas e o mundo está envolto em trevas. Nas sombras encontra-se um vulto ajoelhado. É Maria. Ela apoia as mãos e os lábios de encontro aos pés sangrentos de Cristo.

Não sabemos se foi o que Maria fez, mas sabemos que poderia tê-lo feito. Ela estava lá. Estava lá para colocar o braço em torno dos ombros de Maria, a mãe de Jesus. Estava lá para fechar os olhos dele. Ela estava lá.

Assim, não é surpreendente ela querer voltar lá outra vez.

Na neblina da madrugada, ela levanta-se de sua esteira, toma as especiarias e aloés e deixa a casa, passa pelo Portal do Geria e sobe a encosta do monte. Prepara-se para uma tarefa lúgubre. A essa altura o corpo estará intumecido. O rosto estará branco. O odor da morte será pungente.

Um céu cinzento passa a dourado enquanto ela sobe a trilha estreita. Ao contornar a última curva, ela abafa uma exclamação. A pedra da frente do túmulo está afastada.

"Alguém levou o corpo." Ela corre para acordar Pedro e João. Eles correm para ver por si mesmos. Ela tenta acompanhá-los mas não consegue.

Pedro sai do túmulo aturdido e João sai crendo, mas Maria simplesmente permanece em frente à entrada, chorando. Os dois homens vão para casa e deixam-na a sós com sua dor.

A celebração

Mas algo lhe diz que ela não está a sós. Talvez escute um ruído. Talvez escute um sussurro. Ou talvez escute apenas seu próprio coração dizer-lhe que dê uma olhada por si mesma.

Qualquer que seja a razão, ela o faz. Abaixa-se, enfia a cabeça pela entrada entalhada e espera que seus olhos se acostumem com a escuridão.

— Por que choras? — Ela vê o que parece ser um homem, mas branco —radiantemente branco. Ele é uma das duas luzes em cada ponta da laje vazia. Duas velas ardendo sobre um altar.

— Por que choras? — Uma pergunta incomum para ser feita num cemitério. De fato, a pergunta é indelicada. Isto é, a menos que o interrogador saiba alguma coisa que o interrogado não saiba.

— Levaram o meu Senhor e não sei onde o puseram.

Ela ainda o chama 'meu Senhor'. Pelo que se podia saber, os lábios dele estavam silenciosos. Pelo que se podia saber, o corpo dele havia sido removido por ladrões de túmulos. Mas a despeito disso tudo, ele ainda é seu Senhor.

Tamanha devoção comove Jesus. Faz com que ele chegue mais perto dela. Tão perto que ela lhe ouve a respiração. Ela se volta e ali está ele. Ela acha que é o jardineiro.

Ora, Jesus podia ter-se revelado nesse ponto. Podia ter chamado um anjo para apresentá-lo ou uma banda para anunciar-lhe a presença. Mas não o fez.

— Por que choras? A quem procuras? (João 20.1-18).

Ele não permite à mulher ficar muito tempo sem saber, apenas o tempo suficiente para relembrar-nos de que ele gosta muito de surpreender-nos. Ele espera que nos desesperemos da força humana e, então, intervém com a divina. Deus espera até desistirmos e, em seguida, surpreende!

Já faz algum tempo desde que você permitiu que Deus o surpreendesse? É fácil chegar ao ponto em que deciframos tudo a respeito de Deus.

Sabemos exatamente o que Deus faz. Deciframos o código. Esquematizamos suas tendências. Tratamos Deus como se ele fosse um computador. Se apertamos todos os botões certos e inserimos as informações certas, Deus a exatamente quem achamos que era. Nenhuma variação. Nenhuma alteração. Deus é um toca-

A celebração

discos automático. Insira um dízimo. Aperte os números certos e — bam! a música divina que desejamos enche o aposento.

Olho por sobre a minha escrivaninha e vejo uma caixa de lenços de papel. Dez minutos antes, essa caixa estava no colo de uma moça — cerca de trinta e cinco anos, mãe de três filhos. Ela me contou do telefonema que recebeu do marido nessa manhã. Ele quer o divórcio. Ela teve de sair do trabalho e chorar. Queria uma palavra de esperança.

Lembrei-lhe de que Deus está em sua melhor forma quando nossa vida está na pior. Já se tem notícia de Deus ter planejado uma celebração num cemitério. Eu disse à moça: Prepare-se, pode ser que tenha uma surpresa."

Você já decifrou tudo a respeito de Deus? Captou Deus num gráfico ou imobilizou-o num flanelógrafo? Se fez isso, escute. Escute as surpresas de Deus.

Escute as pedras que deveriam atingir o corpo da mulher adúltera caírem no chão.

Ouça quando Jesus convida um detento do corredor da morte a entrar consigo no reino, sentado no banco da frente da limusine.

Ouça quando o Messias sussurra à mulher samaritana: 'Eu o sou, eu que falo contigo'.

Ouça a viúva de Naim jantando com o filho que supostamente está morto.

E ouça a surpresa quando o nome de Maria é pronunciado por um homem a quem ela amava — um homem a quem havia enterrado.
— Maria!

Deus aparecendo nos lugares mais estranhos. Fazendo as coisas mais estranhas. Distendendo sorrisos onde havia apenas rostos tristonhos. Colocando brilho onde havia apenas lágrimas. Pendurando uma estrela brilhante num céu escuro. Arqueando um arco-íris no meio de nuvens tempestuosas. Chamando nomes num cemitério.

— Maria — disse ele suavemente — surpresa!

Maria ficou abalada. Não é sempre que se ouve o próprio nome pronunciado por uma língua eterna. Mas quando ela ouviu, reconheceu. E quando reconheceu, reagiu corretamente. Ela o adorou.

A cena tem todos os elementos de uma festa dada como surpresa — segredo, olhos

A celebração

arregalados, espanto, gratidão. Mas essa celebração é tímida em comparação com a que está sendo planejada para o futuro. Essa será semelhante à de Maria, mas muito maior. Muitos mais túmulos se abrirão. Muitos mais nomes serão chamados. Muitos mais joelhos se dobrarão. E muitos mais que buscam, celebrarão.

Vai ser uma festa e tanto. Pretendo garantir que meu nome esteja na relação dos convidados. E você?

> "As coisas que o olho não viu,
> e o ouvido não ouviu,
> e não subiram ao coração do homem,
> são as que Deus preparou para os que o amam."
>
> (1Coríntios 2.9)

CAPÍTULO 19

O último olhar

— Max, seu pai está acordado.

Eu estava assistindo a um filme na televisão. Um desses filmes emocionantes que transportam a gente para outro lugar e outro tempo. A declaração de minha mãe parecia vir de outro mundo. O mundo real.

Voltei-me para meu pai. Ele olhava para mim.

A cabeça era tudo o que conseguia mover. Uma moléstia paralisadora havia sugado seus movimentos, tomando dele tudo, menos sua fé... e o brilho de seus olhos.

Foram os olhos que me chamaram para ir à beira da cama. Eu estava em casa por quase duas semanas, em licença especial do Brasil, devido à piora de sua condição. Ele havia dormido a maior parte desses últimos dias, acordando somente quando minha mãe o banhava ou trocava os lençóis.

O último olhar

Ao lado de sua cama estava um respirador — um metrônomo da mortalidade que empurrava o ar para dentro de seus pulmões por meio de um buraco em sua garganta. Os ossos em suas mãos saltavam como as varetas de um guarda-chuva. Seus dedos, antes firmes e fortes, estavam fechados e sem vida. Sentei-me à beira da cama e passei as mãos sobre o arcabouço arredondado de suas costelas. Coloquei a mão em sua testa. Estava quente... quente e úmida. Afaguei seu cabelo.

— O que é, papai?

Ele queria dizer alguma coisa. Seus olhos anelavam. Seus olhos recusavam-se a soltar-me. Se eu olhava para outro lado por um momento, eles me acompanhavam e continuavam me fitavam quando eu o olhava de novo.

— O que é?

Eu já tinha visto aquela expressão antes. Eu tinha sete anos de idade, no máximo oito. Fiquei parado na ponta de um trampolim pela primeira vez, sem saber se sobreviveria ao mergulho. O trampolim se curvava debaixo dos meus trinta e poucos quilos. Olhei atrás de mim a garotada que estava me amolando para pular depressa. Perguntei-me o que fariam se eu lhes pedisse para abrir caminho para eu poder descer. Achei que me vaiariam e me ridicularizariam.

Assim, indeciso entre ser ridicularizado e pular para a morte certa, fiz a única coisa que sabia fazer — tremi.

Então, ouvi-o.

— Tudo bem, filho, venha.

Olhei para baixo. Meu pai havia mergulhado e agora mantinha-se à tona esperando que eu pulasse. Quando escrevo isto ainda posso ver a sua expressão — rosto queimado de sol, cabelos molhados, sorriso rasgado e olhos brilhantes. Seus olhos eram convincentes e atentos. Mesmo que ele nada tivesse dito, eles teriam transmitido a mensagem. Mas ele falou.

— Pule, está tudo bem.

Por isso pulei.

Vinte e três anos mais tarde o queimado de sol desapareceu, os cabelos estavam ralos e o rosto encovado. Mas os olhos não haviam mudado. Eram intrépidos. E sua mensagem não havia mudado. Eu sabia o que ele dizia.

O último olhar

De alguma forma, ele sabia que eu estava com medo. De alguma forma, ele percebia que eu estava tremendo ao olhar para dentro das profundezas. E de alguma forma, ele, o moribundo, teve forças para confortar a mim, o vivo.

Coloquei minha face no encovado da dele. Minhas lágrimas pingaram sobre seu rosto quente. Eu disse baixinho o que sua garganta queria dizer, mas não podia.

— Tudo bem — sussurrei. — Vai estar tudo bem.

Quando ergui a cabeça, seus olhos estavam fechados. Eu jamais os veria abertos novamente.

Ele me deixou com um último olhar. Uma última declaração dos olhos. Uma mensagem de despedida do capitão antes de o barco sair para o mar. Uma garantia final de um pai para um filho: "Está tudo bem."

Talvez tenha sido um olhar semelhante que comoveu a alma do soldado durante aquelas seis horas numa sexta-feira.

Ele estava inquieto. Sentia-se assim desde o meio-dia.

Não eram as mortes que o perturbavam. O centurião não desconhecia a finalidade.

Com o passar dos anos, fora ficando cada vez mais calejado aos gritos dos crucificados. Havia dominado a arte de amortecer o coração. Mas essa crucificação o atormentava.

O dia começou da mesma forma que uma centena de outros — horrorosamente. Já bastava estar na Judeia, mas era um inferno passar as tardes quentes num monte pedregoso supervisionando a morte de batedores de carteiras e agitadores. Metade da multidão escarnecia, metade chorava. Os soldados reclamavam. Os sacerdotes davam ordens. Era um trabalho ingrato em uma terra estranha. Ele torcia para o dia terminar antes mesmo que começasse.

Estava curioso com a atenção dada ao simples homem do interior. Sorriu ao ler a placa que iria sobre a cruz. O condenado parecia tudo, menos um rei. Tinha o rosto inchado e ferido. Suas costas se curvavam de leve e os olhos se voltavam para baixo. 'Um camponês tão inofensivo', cismou o centurião. 'O que poderia ter feito?'

Em seguida, Jesus ergueu a cabeça. Não estava zangado. Não estava inquieto. Seus olhos mostravam-se estranhamente calmos quando se fixaram por trás da máscara ensanguentada. Ele fitou aqueles que o conheciam — movendo-se com deliberação de um rosto para outro como se tivesse uma palavra para cada um.

Por apenas um momento ele olhou para o centurião — por um segundo, o romano olhou dentro dos olhos mais puros que já havia visto. Ele não sabia o que aquele olhar significava. Mas o olhar fez com que engolisse seco e seu estômago parecesse vazio. Enquanto ele observava o soldado agarrar o nazareno e jogá-lo ao chão, algo lhe disse que esse não ia ser um dia normal.

À medida que as horas foram passando, o centurião flagrou-se fitando mais e mais aquele que estava na cruz do centro. Ele não sabia o que pensar do silêncio do nazareno. Não sabia o que pensar da sua bondade.

Porém, mais do que tudo, estava perplexo com a escuridão. Não sabia o que pensar do céu negro no meio da tarde. Ninguém podia explicá-lo... ninguém sequer tentava. Num minuto, o sol; no próximo, a escuridão. Num minuto, o calor, no próximo, uma brisa gelada. Até mesmo os sacerdotes haviam-se calado.

Por longo tempo o centurião sentou-se numa pedra e contemplou fixamente as silhuetas dos três vultos. As cabeças estavam frouxas, girando ocasionalmente de um lado para outro. A zombaria estava agora silenciada... lugubremente caiada. Aqueles que haviam chorado, agora aguardavam.

Subitamente a cabeça do centro deixou de balançar. Endireitou-se. Seus olhos abriram-se num clarão branco. Um rugido retalhou o silêncio. 'Está consumado.' (João 19.30). Não foi um berro. Não foi um grito. Foi um rugido... um rugido de leão. De que mundo aquele rugido tinha vindo o centurião não sabia, mas sabia que não era deste.

O centurião levantou-se da pedra e deu alguns passos na direção do nazareno. Ao chegar mais perto, pôde ver que Jesus estava fitando o céu. Havia algo em seus olhos que o soldado tinha de ver. Mas após dar alguns passos, caiu. Levantou-se e tornou a cair. O chão estava tremendo, suavemente no princípio e agora violentamente. O centurião tentou mais uma vez andar e conseguiu dar alguns passos, mas em seguida caiu...ao pé da cruz.

O último olhar

Ergueu o olhar para o rosto daquele que estava à morte. O Rei baixou o olhar ao velho e rude centurião. As mãos de Jesus estavam presas — não podiam estender-se para ele. Seus pés estavam pregados no lenho, não podiam caminhar na direção dele. Sua cabeça estava pesada de dor, ele mal conseguia movê-la. Mas seus olhos... estavam em fogo.

Eles eram inestinguíveis. Eram os olhos de Deus.

Talvez tenha sido isso que fez o centurião dizer o que disse. Ele viu os olhos de Deus. Viu os mesmos olhos que haviam sido vistos por uma adúltera prestes a ser apedrejada em Jerusalém, uma divorciada sem amigos em Samaria, e um Lázaro morto e sepultado há quatro dias num cemitério. Os mesmos olhos que não se fechavam ao contemplarem a futilidade dos homens, que não se desviavam dos fracassos humanos, e não estremeciam ao testemunharem a morte do homem.

— Tudo bem — diziam os olhos de Deus. — Vi as tempestades e ainda assim está tudo bem.

As convicções do centurião começaram a escoar-se juntas como rios. 'Este não era nenhum carpinteiro', disse ele consigo mesmo. 'Não era nenhum camponês. Não era nenhum homem comum.'

Ele ficou em pé e olhou em redor as pedras que haviam caído e o céu que havia enegrecido. Voltou-se e encarou os soldados enquanto estes encaravam Jesus com rostos enrijecidos. Voltou-se e observou enquanto os olhos de Jesus ergueram-se e olharam na direção do lar. Ouviu quando os lábios ressequidos se abriram e a língua intumescida falou pela última vez.

— Pai, nas tuas mãos entrego o meu espírito (Lucas 23.46).

Se o centurião não o tivesse dito, os soldados teriam. Se o centurião não o tivesse dito, as pedras teriam — assim como o teriam dito os anjos, as estrelas, até os demônios. Mas ele disse. Recaiu sobre um estrangeiro anônimo declarar o que todos esses sabiam.

— Verdadeiramente este era Filho de Deus (Mateus 27.54).

Seis horas de uma sexta-feira. Seis horas que se projetam na planície da história humana como o monte Everest num deserto. Seis

O último olhar

horas que têm sido interpretadas, dissecadas e debatidas há dois mil anos.

O que essas seis horas representam? Elas formam uma porta no tempo por meio da qual a eternidade entrou nas mais escuras cavernas do homem. Marcam os momentos em que o Navegador desceu às mais profundas águas a fim de deixar pontos de ancoragem para seus seguidores.

O que aquela sexta-feira representa?

Para a vida enegrecida pelo fracasso, aquela sexta-feira representa perdão.

Para o coração marcado pela inutilidade, aquela sexta-feira representa objetivo na vida.

E para a alma que olha do lado de cá do túnel da morte, aquela sexta-feira representa libertação, triunfo.

Seis horas de uma sexta-feira.

O que você *está* fazendo com aquelas seis horas daquela sexta-feira?

Guia de estudos

Aprofundando as âncoras

Uma mensagem de Max

Você conhece muitas pessoas que intencionalmente deram as costas a Deus e saíram batendo os pés de raiva? Eu também não. Você conhece muitas pessoas que gradualmente perderam a fé no decorrer de extenso período? Eu também.

Poucos abandonam a fé por zangarem-se com Deus ou descrerem nas Escrituras. Se você deixar de ocupar o seu lugar no banco da igreja, provavelmente não o fará do dia para a noite. Será um abandono sutil, gradativo. Leia as seguintes palavras de Hebreus e veja como o escritor descreve o processo:

"Portanto, devemos atentar com mais diligência para as coisas que já temos ouvido, para que em tempo algum nos desviemos delas" (Hebreus 2.1).

Guia de estudos — Aprofundando as âncoras

Uma pessoa que esteja tentando manter-se à tona espiritualmente, corre o perigo de desviar-se do rumo, flutuar sem destino, dar uma volta sem direção certa e ver-se em águas inexploradas e desconhecidas.

Se você perder a fé, provavelmente o fará gradualmente. Em diminutos estágios, você se tornará espiritualmente desleixado. Deixará alguns dias passarem sem consultar sua bússola. Suas velas já não se encontrarão em boas condições. Seu cordame não estará preparado. E pior de tudo, você se esquecerá de ancorar o barco. E antes que perceba o que está acontecendo, será jogado de onda em onda em mares tempestuosos.

Se você não ancorar profundamente, irá a pique.

Como se ancora profundamente? Examine o versículo outra vez.

"Portanto, devemos atentar com mais diligência para as coisas que já temos ouvido..."

Estabilidade na tempestade não vem de buscar uma nova mensagem, mas de compreender uma antiga. Os mais confiáveis pontos de ancoragem não são as descobertas recentes, e sim as verdades comprovadas pelo tempo, que se mantiveram firmes contra os ventos das mudanças. Verdades como:

Minha vida não é inútil.

Meus fracassos não são fatais.

Minha morte não é o fim.

Atraque sua alma a essas rochas e nenhuma onda será grande o suficiente para levá-lo ao fundo.

Minha oração é que *Seis horas de uma sexta-feira* o tenha ajudado a ancorar-se a essas rochas.

O guia de estudos que se segue o ajudará mais ainda. Ele é ideal para o culto devocional pessoal, para estudo em pequenos grupos ou para ser explorado em classe. O guia o convida a reexaminar cada capítulo do livro em três níveis.

Primeiro nível: âncoras da mente. Esta primeira parte reapresenta citações cruciais do capítulo e o convida a reexaminá-las respondendo a algumas perguntas fundamentais.

Segundo nível: âncoras da alma. Esta seção usa passagens paralelas para reforçar e esclarecer o sentido do capítulo.

Terceiro nível: âncoras da vida. É aqui que você absorve a mensagem. Quer parar de vaguear por aí? Passe algum tempo meditando sobre os exercícios desta seção.

Sou profundamente grato a Steve Halliday e Liz Heaney pelo seu trabalho neste guia de estudos.

Uma última palavra. Não se contente em depender dos pontos de ancoragem de outra pessoa. Não se acomode a uma fé herdada de sua família ou que você tomou emprestada de seus amigos. A ajuda deles é importante e seu ensinamento é vital, mas você nunca sabe quando vai ter de enfrentar um furacão sozinho. Por isso, certifique-se de que o seu coração esteja seguramente firmado. Aceite o conselho do marinheiro: "Ancore profundamente, faça uma oração e fique firme!".

Capítulo 1

Prenúncios de furacão

Âncoras da mente

I. *Pontos de ancoragem. Rochas firmes profundamente submersas num alicerce sólido. Não opiniões incertas ou hipóteses negociáveis, mas evidências férreas que o manterão à tona. Qual a força das suas?*

1. Por que os pontos de ancoragem são necessários para o desenvolvimento de uma vida de fé vigorosa? O que acontece se você não os tem?
2. Que pontos de ancoragem você consegue identificar em sua própria vida? Qual a força deles?

II. *Três pontos de ancoragem foram firmemente implantados em alicerce rochoso dois mil anos atrás por um carpinteiro que alegava ser o Cristo. E foi tudo feito no decorrer de um único dia. Uma única sexta-feira. Foi tudo realizado durante seis horas de uma sexta-feira.*

1. O que significa dizer que esses três pontos de ancoragem foram "firmemente implantados em alicerce rochoso"? O que lhes confere tal força?
2. O que separou essas seis horas de quaisquer outras seis horas na história? Por que é extraordinário o fato de a obra de Jesus ter sido desempenhada em tempo tão curto?

III. *Existe uma pedra à qual você deve amarrar-se. Ela é grande. É redonda. E é pesada. Ela bloqueou a entrada de um túmulo. Não era, contudo, suficientemente grande. A tumba que ela selava era a tumba de alguém que estava de passagem. Ele apenas entrou a fim de provar que podia sair.*

Guia de estudos — Aprofundando as âncoras

1. Em que sentido Jesus foi "alguém que estava de passagem"? Que versículos bíblicos lhe vêm à mente que diriam isso de outra maneira?

2. Por que foi necessário a Jesus "provar que podia sair" do túmulo? Por que deixou essa prova?

IV. *Para o observador indiferente, as seis horas são rotineiras... mas para as testemunhas aterradas, o mais extraordinário dos milagres está ocorrendo. Deus está numa cruz. Estão executando o criador do universo... E não há ninguém para salvá-lo porque ele está sacrificando a si mesmo.*

1. De que modo a crucificação de Jesus é um "milagre"? Que pensamentos você imagina terem passado pela mente de Jesus durante essa provação?

2. Por que o fato de Jesus ter sacrificado a si mesmo é significativo? Como sua resposta o faz sentir-se?

Âncoras da alma

Leia Hebreus 12.2-13

1. Segundo os versículos 2-3, o que os cristãos devem fazer a fim de evitar fadiga ou

desanimar ao defrontarem-se com furacões pessoais? De que maneira prática esse conselho pode ajudá-lo?

2. Como nós às vezes "fazemos pouco caso" das dificuldades ou "desanimamos" por causa delas? De que forma Deus por vezes usa essas dificuldades, segundo o versículo 6?

3. Qual é o propósito final de Deus ao permitir "furacões" em nossas vidas, de acordo com o versículo 10?

4. Como nos sentimos em relação a essas dificuldades, de acordo com o versículo 11? Ajuda saber que Deus compreende como nos sentimos a respeito disso? Por quê?

5. Segundo o versículo 11, que tipo de pessoa colhe benefícios de tais experiências difíceis?

6. Que ligação existe entre o versículo 12 e os versículos 2-3? Que pontos de ancoragem são mencionados nesta passagem?

Âncoras da vida

1. Numa folha de papel em branco, escreva cinco dos seus pontos de ancoragem pessoais. Coloque essa lista num lugar seguro e acessível e releia-a quando furacões soprarem em sua vida.

Guia de estudos — Aprofundando as âncoras

2. Pense na última vez em que você passou por um furacão pessoal. Como reagiu? Você dependeu de algum ponto de ancoragem? Se não o fez, por que não? Se o fez, de quais dependeu?

3. Quais você acha que eram os pontos de ancoragem de Jesus quando ele andou por este mundo? De quais você acha que ele dependeu enquanto passava aquelas seis horas numa cruz?

4. Separe cinco minutos para agradecer a Deus por ter fornecido firmes pontos de ancoragem para a sua fé. Se você não está dependendo desses pontos de ancoragem como devia, confesse-o e peça ao Senhor que o ajude na próxima vez que um furacão soprar na sua direção.

Capítulo 2

A fórmula de Deus para a fadiga

Âncoras da mente

I. *Você está cansado. Está exausto. Exausto de ser atingido pelas ondas de sonhos desfeitos. Exausto de ser pisado e atropelado na infinda maratona rumo ao topo. Exausto de confiar em alguém apenas para ter essa confiança devolvida num envelope sem endereço do remetente.*

1. Você já se sentiu assim alguma vez? Se já, explique. Se não, pense em alguém que você sabe ter-se sentido assim. O que causou esses sentimentos? Vale a pena? Quando eu conseguir o que desejo, valerá o preço que paguei?

II. Vale a pena? Quando eu conseguir o que desejo, valerá o preço que paguei? *Talvez fossem esses os pensamentos de um advogado de San Antonio a respeito de quem li recentemente. Aparentemente seu sucesso não bastava. Certo dia, ele foi para casa, apanhou um revólver do cofre, entrou num saco de dormir e tirou a própria vida. O bilhete que deixou para a esposa dizia: "Não é que eu não a ame. É apenas que estou cansado e quero descansar."*

1. De que maneira a exaustão pode distorcer o modo de pensar da pessoa?
2. Você acha que esse advogado conseguiu o que buscava? Por quê?

III. *Jesus foi o único homem, dos que andaram na Terra de Deus, que afirmou ter uma resposta para os fardos do homem. "Vinde a mim", convidou-os ele. Minha oração é a de que você também encontre descanso. E que durma como um bebê.*

Guia de estudos — Aprofundando as âncoras

1. Muitos grupos hoje alegam ter uma resposta para os problemas do homem. De que maneira a resposta de Jesus difere da deles?
2. Descreva essa resposta que Jesus alegava ter para os fardos do homem. Qual a avaliação que você faz dessa resposta?
3. Esse desejo de "dormir como um bebê" significa que os crentes estão protegidos de situações que lhes roubam o sono? Explique.

Âncoras da alma

Leia Mateus 11.28-29

1. Que tipo de pessoa Jesus convida para ir a ele? O que ele lhes promete?
2. A sentença "tomai sobre vós o meu jugo" não é conhecida de muitos de nós hoje. Leia o que William Hendriksen teve a dizer a respeito dela e, em seguida, responda as perguntas:

   Na literatura judaica, um "jugo" representa a soma total de obrigações que, segundo o ensinamento dos rabinos, a pessoa deve assumir por si mesma... Devido à falsa interpretação, alteração e ampliação que faziam da santa lei de Deus, o jugo que os mestres de Israel colocavam sobre os ombros do povo era o de um legalismo totalmente injustificado.

Era o sistema de ensino que enfatizava a salvação por meio de estrita obediência a uma hoste de regras e regulamentos. Agora, aqui em 11.29, Jesus coloca seu próprio ensinamento em confronto com aquele a que o povo se havia acostumado. Quando diz: "Tomai sobre vós o meu jugo, e aprendei de mim"... ele quer dizer: "Aceitem o meu ensinamento, a saber, o de que a pessoa é salva por meio de uma simples fé em mim..." Simbolicamente falando, Jesus aqui assegura às pessoas oprimidas a quem se dirige, tanto naquela época quanto agora, que o seu jugo, isto é, aquele que ele insta com elas para que tomem, é suave; e que seu fardo, isto é, aquele que ele requer de nós, é leve.

O que ele está realmente dizendo, portanto, é que a simples fé nele e obediência às suas ordens movida por gratidão pela salvação já outorgada por ele é agradável. Ela traz paz e júbilo. A pessoa que vive esse tipo de vida já não é escrava. Tornou-se livre.[5]

Que "jugos" você está carregando hoje? Como Jesus sugere que pode livrar-se deles?

---

[5] HENDRICKSEN, William. **The Gospel of Matthew** [O evangelho de Mateus]. Grand Rapids, Michigan: Baker Book House, 1973. p. 504-505.

Guia de estudos — Aprofundando as âncoras

Leia Hebreus 4.1-11

3. Como se goza o descanso de Deus?
4. Como algumas pessoas no passado deixaram de gozar esse descanso?
5. Qual é a ligação entre o descanso mencionado em Mateus 11.28-29 e o mencionado em Hebreus 4.1-11?

Âncoras da vida

1. Você acha que normalmente goza o descanso que Jesus provê? Por quê? Quais são as coisas que o impedem de gozá-lo?
2. Se é seu desejo aproveitar a oferta de descanso feita por Jesus, mas você não tem certeza do que fazer, comece com estas três coisas:
   a. Releia o capítulo dois: "A Fórmula de Deus para a Fadiga".
   b. Leia mais uma vez Mateus 11.28-29 e Hebreus 4.141.
   c. Sente-se com um pedaço de papel e um lápis e anote os passos específicos que você encontra nessas duas fontes e que descrevem como gozar o descanso de Deus.
3. Faça um diário pessoal por uma semana, anotando em cada dia quaisquer eventos

que o impeçam de gozar o descanso de Jesus. No final da semana, faça duas coisas:

a. Ore a respeito de cada um desses eventos, pedindo a Deus que o ajude a gozar o seu descanso. Não se esqueça de agradecer-lhe aquelas ocasiões nas quais realmente gozou esse descanso.

b. Analise os eventos, procurando pistas que possam indicar como você se desviou desse objetivo.

Capítulo 3

Duas lápides

Âncoras da mente

I. *"Dormiu, mas não descansa.*
Amou, mas não foi amada.
Tentou agradar, mas não agradou.
Morreu como viveu — sozinha."

1. Qual é para você a sentença mais desalentadora desse epitáfio? Por quê?

2. Se você fosse escrever um epitáfio para si mesmo que expressasse sua condição atual na vida, o que ele diria?

II. *Quantas pessoas morrerão na solidão em que estão vivendo? Os desabrigados de Atlanta. O frequenta-*

Guia de estudos — Aprofundando as âncoras

dor dos bares de Los Angeles. A mendiga de Miami. O pregador de Nashvilie. Qualquer pessoa que duvide ser necessária ao mundo. Qualquer pessoa convencida de que ninguém realmente se importa.

1. Como você se identifica com pessoas que vivem em solidão? O que as caracteriza externamente?
2. Que pessoas solitárias você conhece?
3. Você algum dia já se encaixou em algumas das descrições dessa passagem. Qual (quais)?

II. *A mulher fez a pergunta que revelou o buraco escancarado em sua alma.* — Onde está Deus? O meu povo diz que ele está no monte. Seu povo diz que ele está em Jerusalém. Não sei onde ele está.

1. Você já encontrou alguém que estivesse fazendo esse tipo de pergunta? O que você lhe disse?
2. Você mesmo alguma vez já fez essa pergunta? Se fez, o que provocou a pergunta?

IV. *A vida difícil que Bárbara leva em casa deixou-a amedrontada e insegura. Enquanto as outras crianças conversavam, ela ficava sentada. Enquanto as outras cantavam, ela ficava silenciosa. Enquanto as outras davam risadinhas, ela ficava quieta. Sempre presente. Sempre ouvindo. Sempre muda. Até o dia em que Joy deu uma aula sobre o céu. Joy falou a respeito de ver a Deus. Falou a respeito de olhos sem lágrimas e vidas sem morte. Bárbara ouviu faminta. Depois, ergueu a mão.*

— *Dona Joy?*

— *Sim, Barbara?*

— *O céu é para meninas como eu?*

1. Descreva o impacto emocional que esta história exerceu sobre você. Por que a pergunta de Bárbara é tão tocante?
2. O que você acha que levou Bárbara a fazer tal pergunta?
3. Se você fosse Joy, como teria respondido à pergunta de Bárbara?

Âncoras da alma

Leia João 4.4-42

1. Os judeus dos dias de Jesus evitavam a todo custo passar por Samaria, fazendo longos desvios para não passar pela região. Contudo, João 4.4 diz que Jesus "tinha" de passar por Samaria. Por que você acha que ele "tinha" de fazer isso?
2. De que maneira Jesus usou suas próprias necessidades como instrumentos de evangelismo (versículos 6-15)? O que podemos aprender com isto?

3. O que é a "água viva" de que Jesus trata no versículo? O que ela faz?

4. Que tipo de pessoa Deus procura para seus adoradores (versículos 23 e 24)? Aquela samaritana poderia qualificar-se como tal? Você pode?

5. De que maneira Jesus usou suas próprias necessidades como instrumentos de ensino (versículos 31.38)? O que podemos aprender com isto?

6. Como o que a mulher falou acerca de Jesus atingiu o povo de sua cidade (versículos 39-42)? Levando-se em conta os seus antecedentes (versículos 17-18), por que isso é extraordinário?

7. Identifique a maior das lições que você aprendeu com esta história.

Âncoras para a vida

1. Sente-se com um amigo íntimo ou seu cônjuge e escreva o que dá propósito e significado à sua vida. Seja específico. Na próxima vez em que estiver subjugado pelas marés enchentes da inutilidade, retome a lista e leia.

2. Você conhece alguma Grace Llewellen Smith? O que pode fazer para ajudá-la a sentir-se mais importante? Por que não fazê-lo hoje mesmo?

Capítulo 4

Prova viva

Âncoras da mente

I. *Um passo para dentro da classe e a curiosidade apoderou-se de Jenna. Eu me afastei. Entreguei a minha filha. Não muito. E não tanto quanto terei de fazer no futuro. Mas entreguei-a tanto quanto pude hoje.*

  1. De que outras maneiras Jenna (ou seu filho ou filha) terá de ser entregue no futuro?

  2. Ajuda saber que toda essa "entrega" não precisa ser feita de uma só vez? Por quê?

II. *Entreguei minha filha plenamente ciente de que se ela precisasse de mim, eu estaria ao seu lado num instante. O Senhor despediu-se de seu Filho plenamente ciente de que quando ele mais precisasse de si, quando seu brado de desespero rugisse pelos céus, o Senhor ficaria em silêncio. Os anjos, embora em posição de sentido, não ouviriam nenhuma ordem sua. Seu filho, embora em angústia, não sentiria nenhum conforto vindo das suas mãos.*

  1. Por que Deus entregou seu filho tão completamente?

2. Imagine, se puder, como estaria a sala do trono celeste enquanto Cristo sofria na cruz. Qual o estado de ânimo dos anjos em torno de Deus: solenes? Tristes? Felizes? Enraivecidos? Confusos?

III. *Antes que o dia terminasse, sentei-me em silêncio uma segunda vez. Desta vez, porém, não ao lado de minha filha, mas diante do meu Pai. Desta vez, não triste por causa do que eu tinha de dar, mas grato por aquilo que já havia recebido — prova viva de que Deus se importa.*

1. Qual é a "prova viva" a que essa passagem se refere?
2. Qual a sua reação a essa "prova viva"?

Âncoras da alma

Leia Romanos 8.32-39

1. Com que propósito Deus entregou o seu filho (versículo 32)?
2. Termine a seguinte sentença, baseando-se na segunda metade do versículo 32: "Porque Deus se dispôs a entregar seu próprio filho por nós, não devemos jamais pensar que ele_____
_____
_____."

3. O que significa dizer que Cristo até agora "intercede" por nós (versículo 34)? Como isso o faz sentir-se?

4. Numa passagem da Escritura que procura ajudar os crentes a compreenderem sua posição segura com Deus, qual o objetivo de Paulo ao citar um texto que diz: "Por amor de ti, somos entregues à morte o dia todo, fomos considerados como ovelhas para o matadouro"?

5. Que coisas, segundo Paulo, podem separar o crente do amor de Cristo (versículos 35-39)?

Âncoras da vida

1. Pense sobre furacões passados em sua vida. O que lhe dá "prova viva" de que Deus o ama? Faça uma lista desses pontos específicos.

2. Você ajuda outras pessoas a sentirem seu amor por elas? Quem são as pessoas importantes em sua vida? Pense em uma coisa que você lhes pode dar como "prova viva" do seu amor por elas, e faça-o.

3. Se você não tem conseguido sentir o amor de Deus por si, peça a Deus que lhe abra o coração a fim de que você reconheça a mão dele na sua vida. Em seguida, dirija-se

Guia de estudos — Aprofundando as âncoras

a um amigo cristão a quem você considera espiritualmente amadurecido e pergunte-lhe o que faria em seu lugar.

Capítulo 5

*Tochas chamejantes
e promessas vivas*

Âncoras da mente

I. *Recebeu alguma visita da dúvida ultimamente? Se você perceber que está indo à igreja para ser salvo e não porque está salvo, está lhe dando ouvidos. Se perceber que está duvidando de que Deus possa perdoá-lo outra vez por aquilo, alguém lhe vendeu gato por lebre. Se você estiver sendo mais cínico a respeito dos cristãos do que sincero a respeito de Cristo, então adivinhe quem veio para o jantar.*

1. Explique a sentença: "Se você perceber que está indo à igreja para ser salvo e não porque está salvo, está lhe dando ouvidos." De que forma essa declaração é um reflexo de dúvida?

2. A que mentiras da dúvida você é mais susceptível?

II. *O Deus invisível havia chegado perto de Abraão para fazer sua promessa inabalável. "À tua descendência dei esta terra." E embora o povo de Deus frequentemente se esquecesse do seu Deus, Deus não se esqueceu dele. Manteve a palavra. Seu povo tomou posse da terra. Deus não desistiu. Ele nunca desiste.*

1. Em que situações é mais provável que você se esqueça de Deus?

2. O que você sente ao saber que "Deus nunca desiste"? Em que horas da sua vida esse conhecimento tem sido especialmente confortador?

III. *Assim, da próxima vez que aquela vizinha irritante, a dúvida, chegar, escolte-a para fora. Fora até o monte. Fora até o Calvário. Fora até a cruz na qual, com sangue santo, a mão que carregou a tocha escreveu a promessa: "Deus entregaria seu único filho antes de desistir de você."*

1. Por que o Calvário é um bom lugar para se enterrar a dúvida?

Leia 2 Timóteo 2.8-13

1. Uma boa forma de se combater a dúvida é lembrar-se das coisas que são essenciais. Do que Paulo pede a Timóteo que se "lembre" no versículo 8? Como isso é essencial?

2. O versículo 11 promete que viveremos com Cristo se "já morremos com ele". O que significa "morrer com ele"? Como se faz isso?

Guia de estudos — Aprofundando as âncoras

3. Como está "perseveramos" ligado a "reinaremos" no versículo 12? Como essa ideia se relaciona com o versículo 10?

4. Que advertência está incluída no versículo 12? Como a dúvida às vezes entra aqui? Como a advertência de Paulo aqui se compara com as palavras do próprio Jesus em Lucas 12.8-9?

5. Que grande esperança é encontrada no versículo 13? Sobre o que essa esperança é edificada?

6. Que significado tem para você o fato de Deus ser absolutamente fiel?

Âncoras da vida

1. Este capítulo enumerou as muitas vezes em que Deus não desistiu do seu povo. Pense sobre a sua própria vida. Pode-se lembrar das vezes em que você foi infiel, mas Deus foi fiel para com você? Anote-as por escrito e fale a um amigo acerca delas.

2. Será que alguma vez a dúvida é uma boa coisa? Já houve horas em sua vida em que você olhou as dúvidas de frente e elas lhe fortaleceram a fé? Fale a respeito dessas horas com um amigo ou escreva sobre elas.

Como isto pode encorajá-lo na próxima vez em que a dúvida lhe aparecer?

3. Para melhor compreensão da dúvida e da fidelidade de Deus, leia Decepcionado com Deus de Philip Yancey.

Capítulo 6

Mensagens angelicais

Âncoras da mente

I. *E se Deus tivesse atendido aos meus resmungos? E se ele tivesse dado ouvido às minhas reclamações? Poderia ter feito isso. Poderia ter respondido às minhas orações murmuradas descuidadamente. E se ele tivesse escolhido fazê-lo, um protótipo da resposta havia acabado de aparecer à minha porta.*

1. Que orações você resmungou dizendo estar feliz por Deus não ter respondido? Por que você acha que resmungamos com tanta facilidade?

2. Que "anjos" cruzaram seu caminho recentemente?

II. *Deus enviou o menino com uma mensagem. E a essência do que o menino mostrou era afiada como uma navalha. "Está chorando por causa de champanhe derramada. Suas reclamações não são causadas pela*

Guia de estudos — Aprofundando as âncoras

existência de necessidades, mas pela abundância de benefícios. Você choraminga por causa dos supérfluos, não por não ter o básico; por causa dos benefícios, não por necessitar dos essenciais. Suas bênçãos são a fonte dos seus problemas."

1. Você acha que Deus lhe faria essas mesmas afirmações? Por quê?
2. Tente enumerar suas "dez bênçãos mais importantes".

III. *Gajowniczek sobreviveu ao Holocausto. Conseguiu voltar à sua cidade natal. Todos os anos, entretanto, ele retorna a Auschwitz. Todo 14 de agosto, ele volta para agradecer ao homem que morreu em seu lugar. Em seu quintal, existe uma placa. Uma placa que ele esculpiu com as próprias mãos. Um tributo a Maximilian Kolbe — o homem que morreu para que ele pudesse viver.*

1. O que faz Gajowniczek empreender a jornada de volta a Auschwitz todo 14 de agosto? Se você estivesse no lugar dele, continuaria a fazer as viagens? Por quê?
2. A afirmação sobre Kolbe "ele morreu para que eu pudesse viver" é também uma boa maneira de se pensar acerca do relacionamento de Jesus com os pecadores redimidos. Explique.

Âncoras da alma

Leia João 11.45-52

1. Nos versículos imediatamente anteriores a essa passagem, João conta como Jesus havia ressuscitado Lázaro dentre os mortos. O que aconteceu por causa desse milagre (versículo 45)? Como isso fez de Lázaro um "anjo" para os outros?

2. De que duas maneiras as pessoas reagiram a esse "anjo" (versículos 45-46; Lucas 12.9-11)? De que maneira podemos reagir aos "anjos" que Deus nos envia?

3. O que Caifás quis dizer ao pronunciar o que está escrito nos versículos 49.50?

4. O que Deus quis dizer quando falou a mesma coisa (versículos 51-52)?

5. Como essas duas interpretações das mesmas palavras são típicas da maneira como Deus frequentemente opera (veja também Atos 4.24-28)?

6. Com que propósito Jesus morreu, de acordo com os versículos 51-52? Por quem ele morreu? Você está incluído nessa lista? Se estiver, explique.

Guia de estudos — Aprofundando as âncoras

Âncoras da vida

1. Quem são as pessoas por quem você é mais grato? Elas sabem o que você sente? Se não sabem, diga-lhes quanto as aprecia e por que elas significam tanto para você. Peça a Deus que o ajude a encorajá-las tanto na escolha da hora de falar quanto na seleção das palavras.

2. Separe umas horas esta semana para ir com um amigo visitar um lar ou missão para desabrigados. Converse com as pessoas que ali se encontram, descobrindo quem são e o que lhes aconteceu. Converse também com aqueles que trabalham ali. Quais as necessidades que seus clientes têm? Como a comunidade responde aos carentes de sua cidade? O que você poderia fazer para ajudar a satisfazer algumas dessas necessidades?

Capítulo 7

Lembre-se

Âncoras da mente

I. *A igreja de Jesus Cristo começou com um grupo de homens amedrontados num cômodo de segundo andar em Jerusalém.*

1. O que amedrontava aqueles homens?
2. Por que você acha que os discípulos dos tempos modernos estão amedrontados?

II. O traído procurou seus traidores. O que foi que lhes disse? Não disse: "Que bando de fracassados!" Nem: "Eu bem que lhes disse." Nenhum discurso do tipo: "Onde estavam quando precisei de vocês?" Mas simplesmente uma frase: "Paz seja convosco." Exatamente o que eles não tinham era o que ele oferecia: paz.

1. Qual a importância do fato de Jesus "ter procurado seus traidores"? O que provavelmente teria acontecido se ele não tivesse feito isso?
2. Qual era o propósito por trás do que Jesus disse? Por que aqueles homens precisavam disso?

III. *O que destrancou as portas dos corações dos apóstolos? Simples. Eles viram a Jesus. Encontraram o Cristo. Seus pecados colidiram com o Salvador e o Salvador venceu! O que acendeu a caldeira dos apóstolos foi um braseiro de convicção de que a pessoa exata que devia tê-los mandado para o inferno, foi ao inferno por eles e voltou para contar a respeito.*

1. Explique a sentença: "Seus pecados colidiram com o Salvador e o Salvador venceu!"

2. Que importância deveria ter para nós o modo como Jesus interagiu com um grupo de homens há dois mil anos?

IV. *Pense a respeito da primeira vez em que você o viu. Pense acerca do seu primeiro encontro com o Cristo. Envolva-se naquele momento. Ressuscite o alívio. Relembre a pureza. Intime a paixão a apresentar-se. Você consegue lembrar-se?*

1. Descreva a primeira vez em que você "viu" Cristo.

2. Quanto tempo faz que você "viu Cristo" pela primeira vez? Se pudesse entrar numa máquina do tempo e revisitar aquele momento, você o faria? Por quê?

V. *Existe uma correlação direta entre a exatidão de nossa lembrança e a eficácia da nossa missão. Se não estamos ensinando às pessoas como serem salvas, talvez seja porque nos tenhamos esquecido da tragédia de estar perdido! Se não estamos ensinando a mensagem do perdão, talvez seja porque não nos lembremos de como era ser culpado. E se não estamos pregando a cruz, pode ser que subconscientemente tenhamos decidido — Deus nos livre — que, de certa forma, não precisamos dela.*

1. Tente lembrar-se qual a sensação de estar "perdido". Descreva-a. Você sentia culpa? De que maneira(s)?
2. Você acha que precisa da cruz? Por quê?

VI. *A pessoa jamais é a mesma após ver simultaneamente seu total desespero e a graça obstinada de Cristo. Ver o desespero sem a graça é suicídio. Ver a graça sem o desespero é inutilidade. Mas ver as duas coisas é conversão.*

1. Por que tanto o "desespero" quanto a "graça" são necessários à conversão?

Âncoras da alma

Leia Atos 23.6-15

1. Por que motivo Paulo estava detido nessa ocasião (versículo 6)? Teria havido um tumulto se ele se tivesse mantido calado acerca de Jesus? Explique.
2. Que incidente deu a Paulo grande força e coragem no meio de suas dificuldades (versículo 11)? Como isso teria ajudado?
3. A promessa de ajuda feita pelo Senhor protegeu Paulo de problemas (versículos 12.15)? O que a promessa garantiu a Paulo?

Guia de estudos — Aprofundando as âncoras

4. O que existe no ato de ver Jesus que dá audácia e força?

5. Você pode "ver Jesus" sem ter uma visão concreta dele? Se pode, como?

Âncoras da vida

1. Reserve cerca de meia hora e medite sobre a cruz. Pode fazê-lo de diversas maneiras:

   a. Lembre-se de quem você é, e quem Jesus é, e o que ele fez por você. O que há a respeito de Jesus que particularmente o surpreende?

   b. Use um hinário conhecido e concentre-se nos hinos a respeito da cruz. Experimente lê-los em voz alta ou cantá-los.

   c. Peça a Deus que o encha de reverência pelo fato de ele — o Deus do universo — ter morrido por você. Leia o Salmo 22 e use-o para guiar seus pensamentos.

2. Arranje um parceiro e alternadamente façam as perguntas seguintes. Escrevam as respostas, mas não avaliem o que foi dito até todas as perguntas terem sido respondidas. Digam o que realmente pensam, não o que acham que deveriam pensar.

a. O que Jesus pensa de seu relacionamento com ele? Como ele descreveria o relacionamento?

b. Como ele o vê?

c. Como você o vê?

d. Você acha que ele lhe ofereceria paz como fez aos discípulos ou acha que o repreenderia? Por quê?

   Quando as perguntas tiverem sido respondidas, repassem-nas juntos e resumam o que as suas respostas revelam.

3. Que dificuldades você está enfrentando neste exato momento? Escreva-as e ao lado de cada uma anote como Jesus pode ajudá-lo a suportar essa tempestade.

Capítulo 8

Erros fatais

Âncoras da mente

I. *Se você pudesse fazer tudo de novo, faria de modo diferente. Seria uma pessoa diferente. Seria mais paciente. Controlaria a sua língua. Terminaria o que começou. Daria a outra face em vez de esbofetear a dele. Casaria primeiro. Não se casaria de forma al-*

Guia de estudos — Aprofundando as âncoras

guma. Seria honesto. Resistiria à tentação. Andaria com um grupo diferente.

Mas não pode. E não importa quantas vezes diga a si mesmo: "O que está feito, está feito", o que você fez não pode ser desfeito.

1. Que decisões ou ações importantes em sua própria vida você mudaria se pudesse?
2. Quais os perigos que existem em se repisar erros pessoais passados? Quais os benefícios?

II. *Não anelamos todos por um pai que, embora os nossos erros estejam escritos por toda a parede, nos ame mesmo assim? Não desejamos um pai que se importe conosco a despeito dos nossos fracassos?*

1. Como você responderia a essas perguntas? Por que as responderia dessa forma?

III. *Que tipo de pai celestial temos? Um pai que está na sua melhor forma quando estamos na nossa pior. Um pai cuja graça é mais forte quando a nossa devoção está mais fraca.*

1. Que conforto específico você deriva da ideia contida nessa passagem? O que essa declaração significa para você?
2. Dê três exemplos que você experimentou a verdade dessa passagem.

Âncoras da alma

Compare Atos 13.13 e 15.36-41 com 2Timóteo 4.11

1. Descreva o fracasso de João Marcos. Qual a seriedade, na mente de Paulo, do fracasso?

2. O que aconteceu em Atos 15.36-41 como resultado direto desse fracasso?

3. O texto não menciona como João Marcos se sentiu a respeito dessa controvérsia. Se você estivesse no lugar dele, o que poderia ter sentido?

4. Como 2Timóteo 4.11 mostra que o fracasso de Marcos não foi fatal? O que havia mudado com o passar do tempo?

5. Que lições você pode aprender com a experiência de João Marcos?

Âncoras da vida

1. Se você acha difícil acreditar que Deus aceita seus fracassos, comece com estas duas coisas:

    a. Releia "Erros Fatais" lenta e pensativamente, pedindo a Deus que deixe as verdades do capítulo entrem na sua alma.

    b. Volte à história de João Marcos em Atos 13.13 e 15.36-41, e a seguir escreva a lição que você tira de João Marcos e como pode aplicar essa lição à sua vida.

Guia de estudos — Aprofundando as âncoras

2. Se você tiver dificuldade em experimentar a graça de Deus, levará tempo até sentir-se livre de sua culpa. Durante a próxima semana, separe tempo para identificar as coisas que o impedem de aceitar o fracasso como uma parte normal da vida. Aqui estão algumas coisas para analisar e escrever:

    a. Você tem lembranças específicas de horas em que fracassou e foi castigado?

    b. Como as pessoas importantes em sua vida influenciaram o modo como você vê o fracasso?

    c. Você consegue lembrar-se de horas em que fracassou e os resultados foram usados para o bem em sua vida?

3. Analise a forma como respondeu as perguntas acima e, em seguida, ore para que Deus renove sua mente e o ajude a ver a si mesmo como ele o vê.

Capítulo 9

Cristo Redentor

Âncoras da mente

I. *Que tipo de redentor é este? Pensei. Olhos cegos e coração de pedra? Desde então descobri a resposta à minha pró-*

pria pergunta: Que tipo de redentor é este? Exatamente a espécie de redentor que a maioria das pessoas tem.

1. Você concorda com essa observação? Explique sua resposta.
2. Que tipo de redentor você acha que seu vizinho da casa ao lado tem? E seu colega mais chegado? E você?

II. *Em seu desespero, a mulher olha para o Mestre. Os olhos dele não têm o brilho feroz. "Não se preocupe," sussurram, "está tudo bem." E pela primeira vez naquela manhã, ela vê bondade.*

1. Imagine que você seja esta mulher. O que teria esperado ver nos olhos de Jesus? O que lhe está passando pela mente?
2. Esta passagem significa que Jesus faz vista grossa ao pecado? O que ela significa?

III. *Na Terra, Jesus era um artista numa galeria de suas próprias pinturas. Era um compositor ouvindo a orquestra interpretar a sua música. Era um poeta escutando a própria poesia. Contudo, suas obras de arte haviam sido desfiguradas, criaturas deformadas uma após a outra. Ele havia criado as pessoas para o esplendor. Elas haviam se conformado com a mediocridade. Ele as havia formado com amor. Elas haviam marcado umas às outras com ódio.*

Guia de estudos — Aprofundando as âncoras

1. Como deveriam essas imagens de "artista", "compositor" e "poeta" fazer-nos lembrar Jesus? A que aspectos de sua personalidade ou obra se referem?

2. Dê cinco exemplos específicos, observados pessoalmente, que ilustrem o que essa passagem quer demonstrar.

IV. — *Não há ninguém para condená-la? Jesus perguntou. Ainda existe um que pode fazê-lo, pensa ela. E se volta para olhá-lo. O que ele deseja? O que fará?*

1. Por que a mulher pensa: "Ainda existe um que pode fazê-lo"?

2. O que acha que Jesus deseja de você?

V. *Ela lhe reconheceria os olhos. Como poderia jamais esquecer-se daqueles olhos? Límpidos e cheios de lágrimas. Olhos que a viam não como era, mas como deveria ter sido.*

1. O que Jesus gostaria que essa mulher fosse? O que ele deseja que você seja?

2. Essa passagem lhe dá esperança? Por quê?

Âncoras da alma

Leia Lucas 7.36-50

1. Que coisas a mulher desta história tem em comum com a mulher descrita em João 8?

251

2. O que você vê nos olhos desse fariseu quando ele fita a mulher (veja versículo 39)?

3. Compare a maneira como Jesus tratou com a mulher desta passagem, com a maneira que interagiu com a mulher de João 8. Que coisas ele fez de modo semelhante? O que fez de maneira diferente?

4. O que a história que Jesus conta nos versículos 41-43 pretende demonstrar? Com que personagem da história você se identifica mais? Por quê?

5. Como você responderia à pergunta levantada no versículo 49?

6. Você acha que Jesus poderia repetir para você as suas palavras do versículo 50? Por quê?

Âncoras da vida

1. Peça a seu melhor amigo que lhe diga honestamente o que o seu comportamento revela acerca do tipo de redentor que você tem. Descubra porque ele ou ela diz isso e faça quaisquer mudanças que você veja serem necessárias.

2. Releia a história de Lucas 7.41-43. Escreva os pecados dos quais você foi perdoado — cer-

Guia de estudos — Aprofundando as âncoras

tifique-se de mencionar somente aqueles dos quais você experimentou o perdão de Deus.

3. Se não sentir que Deus lhe perdoou muita coisa, ore para que ele o torne sensível ao pecado em sua vida. Se você sentir que seus pecados são tão terríveis que um Deus santo não poderia perdoá-lo, leia este capítulo outra vez, colocando-se no lugar da mulher.

Capítulo 10

O cálice dourado

Âncoras da mente

I. *— A escolha é dela — instruiu o Rei. — Se ela nos procurar para ajudá-la, essa é a sua ordem de livrá-la. Se ela não nos procurar, se ela não me buscar — não interferiremos. A escolha é dela.*

1. Com socorro tão perto, por que a mulher terá escolhido o que escolheu?
2. Por que você acha que Deus recusou-se a enviar socorro a menos que a mulher pedisse?

II. *— As escolhas feitas por eles seriam respeitadas. Onde houver veneno, haverá morte. Onde houver cálices, haverá fogo. Assim seja.*

1. Com suas próprias palavras, descreva o princípio espiritual delineado nesta passagem.

III. *Provarei o veneno, jurou o Filho do Rei. — Foi para isso que vim. Mas a hora será a que eu escolher.*

1. O que o Filho quis dizer com "provarei o veneno"? Como o seu "provar" diferiu do de todos aqueles que haviam provado antes?
2. Que importância teve para o Filho escolher a hora em que o "provar" ocorreria? O que é significativo acerca da escolha da hora?

IV. *— Eis aqui o cálice, meu Filho. Beba-o sozinho.*

Deus teve ter chorado ao executar sua tarefa. Cada mentira, cada tentação, cada ato feito nas sombras estava naquele cálice. Lentamente, abominavelmente foram absorvidos no corpo do Filho. O ato final da encarnação. O Cordeiro imaculado estava manchado. Chamas começaram a lamber-lhe os pés... O Rei volta as costas ao seu Príncipe. A ira pura de um Pai que odeia o pecado recai sobre seu Filho que está cheio de pecado. O fogo o envolve. A sombra o esconde. O Filho procura o Pai, mas o Pai não pode ser visto.

— Meu Deus, meu Deus... por quê?

1. Que palavra você escolheria para descrever como o Filho deve ter se sentido no momento em que sorveu o cálice?
2. Você acha que uma resposta à pergunta agoniada do Filho teria minorado a sua dor? Explique sua resposta.

Guia de estudos — Aprofundando as âncoras

V. *Um ruído desperta o Rei bruscamente do sonho. Ele abre os olhos e vê um vulto transcendente cintilando no umbral da porta. — Está consumado, Pai. Voltei para casa.*

1. Que impacto emocional essas linhas exercem sobre você?
2. Que parte dessa história é mais memorável para você? Por quê?

Âncoras da alma

Leia 2 Coríntios 5.21

1. Quem "não conheceu pecado"? O que significa isso?
2. Como essa pessoa tornou-se "pecado por nós"? Qual foi o propósito?

Leia Gálatas 3.13-14

3. Como Cristo "nos resgatou da maldição da lei"? Quando foi que isso aconteceu?
4. Qual era o propósito de Cristo ao tornar-se maldição por nós?
5. Como recebemos "o Espírito prometido"?

Leia Romanos 8.3-4

6. Por que foi "impossível" à lei levar-nos a Deus?
7. Como Deus sobrepujou essa impossibilidade?

8. Se homens pecaminosos são incapazes de satisfazer as exigências da lei, como podem ser salvos (versículo 4)?

Âncoras da vida

1. "O Cálice Dourado" pinta um quadro da guerra espiritual que grassava no Éden, mas essa guerra continua por toda a nossa volta. Você está envolvido atualmente numa luta espiritual? Qual é? Descreva-a para um amigo e peça oração a fim de que você receba a ajuda de Deus para ganhar a batalha. Peça que seu amigo lhe cobre isso.

2. Ore pedindo que Deus o torne mais sensível à guerra espiritual e ao poder da oração para derrotar Satanás.

3. Para maior compreensão da guerra espiritual, leia Counterattack (Contra-ataque) de Jay Carty ou Este Mundo Tenebroso de Frank Peretti.

Capítulo 11

Volte ao lar

Âncoras da mente

I. *O orgulho é feito de pedra. Fortes batidas podem lascá-lo, mas é necessário o malho da realidade para quebrá-lo.*

Guia de estudos — Aprofundando as âncoras

    1. Em que sentido o orgulho é "feito de pedra"?

    2. Por que os orgulhosos têm dificuldade em aceitar o evangelho?

II. *Seus primeiros dias de miséria foram provavelmente cheios de vapor do ressentimento. Ele estava bravo com todos. Todos tinham culpa. Seus amigos não deviam ter-se livrado dele. E seu irmão devia vir e livrá-lo. Seu patrão devia alimentá-lo melhor e seu pai jamais devia tê-lo deixado partir em primeiro lugar.*

Ele deu aos porcos os nomes de cada um deles.

    1. É fácil culpar os outros por seus próprios erros? Explique.

    2. O que trouxe satisfação ao rapaz em dar aos porcos os nomes de cada uma das pessoas mencionadas? Você já fez isso alguma vez? Como?

III. *É conhecida demais: pedidos de ajuda abafados atrás de rostos fantasiados. Medo escondido atrás de um sorriso pintado. Sinais de desespero confundidos com sinais de alegria. Diga-me se isso não descreve o nosso mundo.*

    1. De que maneira isso descreve o seu mundo?

    2. De que maneira descreve você?

IV. *Voltava ao lar como um homem transformado. Não exigindo receber o que merecia, mas disposto a aceitar qualquer coisa que pudesse receber. "Dê-me" havia sido substituído por "ajude-me", e sua rebeldia havia sido substituída pelo arrependimento.*

1. Que fatores ajudaram a causar a tranformação desse homem?
2. Tente pensar em alguém que você conhece que tenha passado por tranformação semelhante. Descreva essa pessoa antes/depois.

V. *Jesus estirou as mãos tanto quanto pôde. Forçou os braços a se abrirem tanto que doeu. E para provar que esses braços jamais se cruzariam e que essas mãos jamais se fechariam, ele fez com que fossem pregados abertos.*

Ainda estão assim.

1. O que essa última sentença significa?
2. Que importância essa passagem tem para você?

Âncoras da alma

Leia Lucas 15.11-32

1. O que levou esse rapaz a reconsiderar seu modo de vida (versículos 14-16)? Como essa história é muitas vezes repetida no mundo moderno?

Guia de estudos — Aprofundando as âncoras

2. Compare o que o rapaz diz no versículo 18 com o que o rei Davi disse no Salmo 51.4. Que sentimento é o mesmo em ambos?

3. Como o pai no versículo 20 retrata o nosso pai celestial? Você acha que é um bom retrato? Por quê?

4. Compare os versículos 18-19 com o versículo 21. Note que parte do discurso preparado o filho consegue pronunciar. Por que você acha que o filho não conseguiu terminar todo o discurso preparado?

5. O rapaz era digno do tratamento que recebeu nos versículos 22-24? De que maneira essa cena é um retrato da graça?

6. Você alguma vez já se sentiu como o irmão mais velho nos versículos 25.30? Explique.

7. De que maneira a descrição que o pai faz do seu filho no versículo 32 descreve bem todo cristão?

Âncoras da vida

1. Durante a próxima semana, observe cuidadosamente o que você faz quando se apanha cometendo um erro. Você reconhece suas faltas? Você é crítico consigo mesmo ou tende a culpar os outros? Que tipo de

259

coisa você diz para si mesmo? Escreva suas observações e use-as para guiar seu programa de orações.

2. Peça a alguém de confiança que aponte a personagem entre as três de Lucas 15.1-32 que você mais se parece. Faça com que seu amigo descreva o que ele ou ela vê em você que inspira essa resposta. Com essa informação, considere se você precisa ou não fazer algumas mudanças em seu comportamento e atitude. Escolha três coisas que possa fazer para ajudar a efetuar essas mudanças.

3. Reserve algum tempo esta semana para pensar a respeito de como você acredita que Deus vê os seus fracassos. Aqui estão algumas perguntas para fazer a si mesmo:
   a. Tenho alguns fracassos dos quais jamais me recuperei?
   b. Se eu morresse e fosse ao céu hoje, o que Jesus me diria acerca da minha vida?
   c. Posso ver resultados positivos dos meus fracassos?

4. Para maior compreensão sobre como pode mudar, leia Inside Out (De Dentro Para Fora), de Larry Crabb.

Capítulo 12

O peixe e as cataratas

Âncoras da mente

I. *O peixe nadou até onde a água se precipitava no rio. Tentou nadar para cima. Subiria as cataratas pela força bruta. Mas o jorrar da água era forte demais. Impávido, ele nadou até não conseguir mais nadar, então adormeceu.*

   1. Como esta passagem retrata a tentativa do homem em alcançar a Deus pela força humana sem nenhum auxílio? Qual é o resultado?

II. *Mas como não ouvir o anelo do próprio coração? Como voltar as costas à descoberta? Como pode alguém se satisfazer em existir uma vez que tenha vivido com propósito?*

   1. Como você responderia essas perguntas?
   2. Que propósito há em sua vida?

III. *Toda a natureza observava quando o peixe cavalgou a onda da graça. Toda a natureza se regozijou quando ele alcançou o topo. As estrelas dispararam pelo negrume. A lua arcou para trás e balançou em doce satisfação. Os ursos dançavam. Os pássaros se abraçavam. O vento assobiava. E as folhas aplaudiam. O peixe estava onde anelava estar. Estava na presença do estrondo.*

O que ele não podia fazer, o rio havia feito. Ele soube imediatamente que passaria a eternidade saboreando o mistério.

1. Como a cena mostrada aqui se assemelha à própria declaração de Jesus em Lucas 15.10?

2. De que modo a onda se assemelha à graça de Deus? De que modo o peixe é semelhante a você? Onde o peixe estaria sem a onda? Onde você estaria sem a graça de Deus?

Âncoras da alma

Leia Romanos 5.6.11

1. Que palavra Paulo usa apara descrever nossa capacidade de nos salvar a nós mesmos (versículo 6)? Por que isso é difícil de engolir?

2. Por quem Cristo morreu (versículo 6)? Quem poderia ser caracterizado dessa forma?

3. Como Paulo tenta nos fazer ver a enormidade do sacrifício de Deus por nós nos versículos 7-8?

4. Como os cristãos são justificados (versículo 9)? Como isso se relaciona com a cruz?

5. De quê os cristãos serão salvos (versículo 9)? O que torna isso possível?

Guia de estudos — Aprofundando as âncoras

6. Como Paulo ensina que as pessoas podem passar de "inimigas" de Deus no versículo 10 a pessoas que se gloriam em Deus no versículo 11? O que significa "gloriar-se em Deus"?

Âncoras da vida

1. Você conhece alguém que esteja lutando para compreender o conceito da graça de Deus? Você conhece alguém que tenha dificuldade em acreditar que a aceitação e a aprovação de Deus nada têm a ver com os nossos esforços? Quem é essa pessoa? O que você pode fazer para ajudar a ser um retrato da graça para ela?

2. Analise a mensagem do evangelho tão claramente quanto puder, certificando-se de identificar todas as partes importantes (veja especialmente 1Coríntios 15.1-11; Efésios 2.8-9). Em seguida, "tome emprestada" uma criança (não uma das suas) de um vizinho ou amigo íntimo e veja se consegue ser bem sucedido em transmitir-lhe essa mensagem. Faça um questionário para avaliar como se saiu.

Capítulo 13

O presente de última hora

Âncoras da mente

I. *E agora, mais um mendigo chega com um pedido. Há apenas minutos da morte de ambos, ele está diante do Rei. Pedirá migalhas. E, da mesma forma que os outros, receberá um pão inteiro.*

   1. Quais são as "migalhas" que esse homem pediu? Qual foi o "pão inteiro" que recebeu?
   2. Por que o mendigo recebeu um presente tão grandioso? De que maneira isso é um retrato da graça?

II. *É um dilema inexplicável — como duas pessoas podem ouvir as mesmas palavras e ver o mesmo Salvador, e uma ver esperança e a outra nada ver além de si mesma.*

   1. Descreva um modelo contemporâneo do que essa passagem ensina.

III. *Contidos na declaração do ladrão estão dois fatos que qualquer pessoa precisa reconhecer para ir a Jesus. Examine a frase outra vez. Você os vê?*

   "Nós na verdade com justiça, porque recebemos o castigo que os nossos atos merecem, mas este nenhum mal fez."

264

Guia de estudos — Aprofundando as âncoras

1. Assinale os dois fatos que precisam ser reconhecidos a fim de que alguém possa se achegar a Jesus.
2. O que torna esses dois fatos indispensáveis para se achegar a Jesus?

Âncoras da alma

Leia Colossenses 1.21-23

1. Antes de os colossenses tornarem-se cristãos, qual era o seu relacionamento com Deus (versículo 21)? Que áreas de suas vidas estavam envolvidas?
2. Quem fez o primeiro movimento rumo à reconciliação (versículo 22)?
3. Como Deus realizou essa reconciliação? Qual foi o seu propósito ao fazê-lo (versículo 22)?
4. Como se alcança esse novo relacionamento com Deus (versículo 23)?
5. Paulo diz que o evangelho oferece grande "esperança". Que esperança há para você no evangelho?
6. O que Paulo quer dizer quando fala que se tornou um servo do evangelho? Como podemos seguir seu exemplo?

Âncoras da vida

1. Quem são as pessoas que Deus colocou na sua vida? Pense nos vizinhos, amigos, colegas, parentes e pessoas que o servem. Que mensagem da graça de Deus eles ouvem da sua parte? Por que não resolver hoje fazer um esforço consciente para contar a uma dessas pessoas a esperança do evangelho? Planeje como e quando fará isso.

2. Pense a respeito de alguém em sua vida que o tratou mal ou injustamente. Agora suponha que essa pessoa tenha vindo procurá-lo a fim de pedir-lhe perdão. O que você fará? A fim de responder honestamente, faça a si mesmo as seguintes perguntas:

   a. Sou alguém que perdoa ou guardo ressentimento?

   b. Posso lembrar-me de incidentes específicos nos quais alguém me pediu perdão? Qual foi minha reação?

   c. Alguma vez já me foi negado o perdão? Se foi, como isso poderia influenciar minha capacidade de perdoar outra pessoa?

Guia de estudos — Aprofundando as âncoras

Capítulo 14

Deus x a morte

Âncoras da mente

I. *Naquele momento deixei de olhar os nomes e fitei o monumento. Relaxei meu foco sobre o letreiro e olhei para a placa. O que vi fez-me pensar. Vi a mim mesmo. Vi meu próprio reflexo. Meu rosto olhava para mim no mármore brilhante. Isso me fez lembrar que eu também tenho estado morrendo desde que comecei a viver. Eu também terei algum dia meu nome gravado numa pedra de granito. Algum dia, eu também enfrentarei a morte.*

1. Que circunstâncias ou eventos o levam a ponderar acerca de sua própria morte?
2. Que sentimentos os pensamentos de sua própria morte produzem em você? Por quê?

II. *Jesus desmascarou a morte e revelou quem ela realmente é — um fracote de quarenta e cinco quilos vestido em trajes de grande atleta. Jesus não tinha paciência com essa impostora. Não conseguia sentar-se quieto enquanto a morte puxava o véu sobre a vida.*

1. De que forma a morte é uma "impostora"? De que forma é "um fracote de quarenta e cinco quilos vestido em trajes de grande atleta"?

2. Por que Jesus "não conseguia sentar-se quieto enquanto a morte puxava o véu sobre a vida"?

III. *Se você quiser algum dia saber como se conduzir num sepultamento não procure em Jesus um exemplo. Ele interrompeu cada um a que compareceu.*

1. Como poderia essa afirmação fazê-lo sorrir?
2. O que Jesus queria demonstrar ao interromper todos esses sepultamentos? De que maneira isso foi importante?

Âncoras da alma

Leia Hebreus 2.14-16

1. Que duas razões são dadas nos versículos 14-15 para Cristo tornar-se humano e morrer na cruz?
2. De que maneira é irônico o fato de a morte de Cristo ter sido o meio usado por Deus para destruir o diabo?
3. Como a morte mantém escravizadas as pessoas? Ela o mantém assim? Por quê?
4. Quem está incluído na "descendência de Abraão" (veja também Romanos 4.16-17; Gaiatas 3.26-29)?

5. Que vantagem homens e mulheres remidos têm sobre os anjos (versículo 16)?

Âncoras da vida

1. Um dos resultados mais emocionantes do evangelho é o de o cristão não precisar temer a morte. A morte é uma impostora. Separe algum tempo esta semana para regozijar-se com essa verdade. Leia 1Coríntios 15.51-57. Medite sobre esses versículos, pedindo a Deus que deixe a maravilha do seu poder sobre a morte encorajá-lo.

2. Se, após ter lido este capítulo, você perceber que tem alguns temores acerca de sua própria morte, tente algumas destas ideias a fim de ajudar a fortalecer a sua fé.

   a. Converse com alguém a respeito dos seus temores. Peça ajuda para separar o racional do irracional. Faça uma lista dos temores que você precisa conquistar.

   b. Descubra o nome de alguém que tenha enfrentado a morte e experimentado a paz de Deus. Pergunte-lhe como se sente e porquê. O que pode aprender com essa pessoa que o ajudaria?

Capítulo 15

Fantasia ou realidade?

Âncoras da mente

I. *Os seguidores de Jesus param e se desviam para o lado quando a procissão passa como uma sombra. O manto do luto abafa o riso dos discípulos. Ninguém falou. O que poderiam dizer? Sentem o mesmo desespero experimentado pelos espectadores de qualquer sepultamento. Algum dia serei eu. Ninguém interferiu. O que poderiam fazer? Sua única escolha era a de ficar parados olhando enquanto os que acompanhavam o enterro passavam vagarosamente.*

   1. Pense no último enterro que compareceu. Que partes dessa descrição se enquadram no que você viu lá?

   2. Aborrece-o ponderar acerca de sua própria mortalidade? Por quê?

II. *O que você sentiria num momento como esse? O que faria? Um desconhecido lhe diz que não chore ao contemplar seu filho morto. Alguém que se recusa a chorar no meio da tristeza desmascara o diabo, e em seguida choca-o com um chamado para dentro da caverna da morte. Subitamente o que havia sido tomado é restituído. O que havia sido roubado é recuperado. Aquilo de que você havia desistido é lhe devolvido.*

Guia de estudos — Aprofundando as âncoras

1. Responda as perguntas contidas nas duas primeiras sentenças da passagem.
2. Como você imagina a conduta de Jesus nesse incidente? Como imagina a dos discípulos?

III. Jesus deu à mulher muito mais do que o filho. Deu-lhe um segredo, um sussurro que foi ouvido por nós. — Aquilo, disse ele apontando para a esteira — aquilo é fantasia. Isto, sorriu colocando um braço em torno do rapaz — isto é realidade.

1. Com suas próprias palavras, descreva o segredo que Jesus sussurrou à mulher.

Âncoras da alma

Leia Lucas 7.11-17

1. Como o Senhor reagiu quando viu essa mãe perturbada (versículo 13)? De que forma isso é típico dele?
2. O Senhor exigiu que a mulher exercesse fé antes de realizar o milagre?
3. O texto não nos diz, mas o que você imagina que o rapaz poderia ter dito depois que Jesus o ressuscitou dentre os mortos (versículo 15)?
4. Como as pessoas reagiram ao milagre de Jesus?

5. As pessoas compreenderam plenamente quem Jesus era? Como é possível saber?

6. Por que será que os crentes de hoje não parecem tão resolvidos a "divulgar a notícia" acerca de Jesus quanto as pessoas naquele tempo (versículo 17)?

Âncoras da vida

1. Você conhece alguma pessoa que esteja morrendo ou que tenha recentemente perdido alguém querido? O que você pode fazer para encorajá-la? Eis aqui algumas sugestões:

    a. Leia para ela a última seção deste livro.

    b. Passe algum tempo em sua companhia e ouça quaisquer temores que ela possa ter.

    c. Ore com ela a respeito desses temores.

    d. Assuma o compromisso de orar por ela e de se manter em contato de modo que ela não se sinta abandonada.

2. Faça uma lista de algumas coisas práticas que você poderia realizar para ajudar alguém que esteja morrendo. Algumas coisas a incluir são:

    a. Ajudar com refeições e transporte.

Guia de estudos — Aprofundando as âncoras

    b. Ajudar com a correspondência e comunicação.

    c. Oferecer-se para cuidar das crianças.

    d. Oferecer-se para ajudar a certificar-se de que as finanças da pessoa estejam em ordem ou identificar alguém que possa fazê-lo.

    Mantenha essa lista num lugar de fácil acesso de forma que, quando chegar a hora, você esteja pronto para ajudar.

3. Se você nunca perdeu um ente querido, pode sentir-se pouco à vontade perto daqueles que estão sofrendo. Um livro clássico a respeito do assunto é *The Last Thing We Talked About* [A última coisa de que falamos], de Joe Bayley.

Capítulo 16

A centelha da eternidade

Âncoras da mente

I. *Wallace jamais havia sentido tamanha impotência. Não sabia como enfrentar sua dor. Estava tão acostumado a ser forte que não sabia ser fraco. Assegurava a todos quantos chamavam que a filha estava bem. Tranquilizava todos quantos perguntavam dizendo que Deus era um Deus grandioso. Tranquilizava todos, menos ele próprio.*

1. Por que você acha que é difícil para pessoas "fortes" mostrarem fraqueza? De que maneira isso é por vezes um defeito?
2. Você sente às vezes que Deus não é tão grandioso quanto você diz que é? Explique.

II. *Wallace põe-se a pesar suas opções. Devia ir ver o Mestre? "Se eu for e me reconhecerem, perderei meu cargo. Mas se ela vier a morrer mesmo podendo ele fazer alguma coisa...."O homem chega ao ponto em que o desespero está um degrau acima da sua dignidade. Ele deu de ombros. Que escolha tenho?"*

1. Você já chegou alguma vez a um ponto de desespero semelhante ao de Wallace? O que aconteceu?
2. O que existe com relação a circunstâncias difíceis que frequentemente levam as pessoas a Jesus?

III. *Esse Jesus parecia normal demais. Usava uma jaqueta de veludo cotelê, do tipo que tem remendos nos cotovelos. Suas calças não eram novas mas eram boas. Sem gravata. O contorno do couro cabeludo entrava um pouco antes de tornar-se uma torrente de caracóis castanhos. Eu mão conseguia ouvir-lhe a voz, mas podia*

Guia de estudos — Aprofundando as âncoras

ver seu rosto. As sombrancelhas eram espessas. Tinha um brilho nos olhos e um sorriso nos lábios — como se estivesse vendo alguém desembrulhar o presente de aniversário que ele havia acabado de lhe dar.

1. Se Jesus aparecesse na Terra hoje, você acha que essa descrição poderia servir-lhe? Por quê?
2. Como você normalmente imagina Jesus?

IV. *Wallace arrependeu-se das palavras assim que as disse. Se ele for um homem, então pedi o impossível. Se for mais do que homem, que direito tenho de fazer tal pedido?*

1. Em que você concorda ou discorda do raciocínio de Wallace?
2. O que a concessão do pedido de Wallace indicaria a respeito da identidade de Jesus?

V. *Paz onde deveria existir dor. Confiança no meio da crise. Esperança desafiando o desespero. É o que esse olhar diz. É um olhar que conhece a resposta à pergunta feita por todo mortal:*

— A morte tem a última palavra?

Posso ver Jesus piscar ao dar a resposta.

— Sobre tua vida, jamais.

1. Você está seguro de que Jesus conquistou a morte? Por quê?

2. Como a resposta que deu à pergunta anterior influencia o modo como você vive?

Âncoras da alma

Leia Marcos 5.21-43

1. Por que sempre havia grandes multidões seguindo a Jesus? Se você tivesse vivido naquela época, acha que estaria no meio delas? Por quê?

2. O que era importante para Jesus quanto a identificar a mulher que havia sido curada de sua enfermidade? Por que não simplesmente ignorá-la?

3. O que a afirmação de Jesus à mulher (versículo 34) tem em comum com a instrução que ele deu a Jairo (versículo 36)?

4. Que razões você pode dar para explicar porque Jesus exigiu que Jeira demonstrasse fé, mas não exigiu o mesmo da mãe aflita de Lucas 7.11-17? O que isso pode sugerir a respeito da maneira como Deus opera no mundo?

5. Observe como Jesus deu ordens para que a menina fosse alimentada após tê-la ressuscitado dentre os mortos (versículo 43). O que isso lhe diz a respeito de Jesus?

Guia de estudos — Aprofundando as âncoras

Âncoras da vida

1. Você observou como Jesus reagiu ao pedido de ajuda de Jairo? Embora estivesse ocupado, Jesus não hesitou: "Jesus foi com ele" (Marcos 5.24).

    Qual a sua receptividade a pedidos de ajuda? Seus amigos o veem como uma pessoa interessada e compassiva — alguém a quem podem apelar se precisarem? Diante de quem você sente-se à vontade para apelar? Pergunte a essas pessoas se elas sentem o mesmo em relação a você, e porquê.

2. Olhe com mais atenção essas pessoas que você citou como dispostas a ajudar. Que qualidades ou características elas têm que as tornam acessíveis? Escreva e avalie suas próprias qualidades nessas áreas. Se perceber que você precisa mudar, pode começar o processo.

    a. Orando para que Deus o ajude a crescer nas áreas em que é fraco.

    b. Escolhendo uma ou duas características que você possa começar a cultivar hoje. Resolva como pode fazê-lo.

    c. Pedindo a alguém que o informe sobre quaisquer mudanças que ele ou ela veja em você.

3. Por que esperar que alguém lhe peça ajuda? O que poderia fazer hoje que ajudasse ou encorajasse alguém? Faça-o.

Capítulo 17

Terceiro assalto:
"Lázaro, vem para fora!"

Âncoras da mente

I. *Uma vida desperdiçada andando para lá e para cá numa cela de medo construída pela própria pessoa. Isso é chocante. É uma pena. E também é muito comum.*

1. Dê diversos exemplos daquilo que essa passagem descreve.

2. Você alguma vez já desperdiçou parte da sua vida "andando de cá para lá numa cela de medo construída pela própria pessoa"? Como escapou?

II. *Jesus chorou. Chorou, não pelo morto, mas pelos vivos. Chorou não por aquele que estava na caverna da morte, mas por aqueles que estavam na caverna do medo. Chorou por aqueles que, embora vivos, estavam mortos. Chorou por aqueles que, embora livres, eram prisioneiros, mantidos em cativeiro pelo medo da morte.*

1. Como pode alguém estar "vivo" e no entanto "morto"?

Guia de estudos — Aprofundando as âncoras

2. O que o fato de Jesus chorar lhe diz a respeito de seu caráter ou personalidade? Como isso influencia a sua percepção dele?

III. *Jesus viu gente escravizada pelo medo de um poder barato. Ele explicou que o rio da morte não era nada a temer. As pessoas não acreditaram nele. Ele tocou um rapazinho e trouxe-o de volta à vida. Os seguidores ainda não estavam convencidos. Ele sussurrou vida ao corpo morto de uma menina. As pessoas ainda permaneceram duvidosas. Ele deixou um homem morto passar quatro dias num sepulcro e depois o chamou para fora. E suficiente? Aparentemente não. Pois foi necessário que ele entrasse no rio, que submergisse na água da morte antes de as pessoas acreditarem que a morte havia sido conquistada.*

1. De que maneira a ressurreição de Jesus foi diferente da do rapaz, da menina ou de Lázaro?

2. Você acredita que Jesus conquistou a morte? Por quê?

Âncoras da alma

Leia João 11.1-44

1. Como pôde Jesus dizer no versículo 4: "Esta enfermidade não é para morte" quando sabia muito bem que Lázaro morreria?

2. Como Jesus foi glorificado por meio desse incidente, conforme ele predisse no versículo 4?

3. De que maneira são os versículos 25-26 o âmago do evangelho? Como você responde à pergunta de Jesus aqui?

4. O que Jesus fazia que levou os judeus a dizerem de seu relacionamento com Lázaro: "Vede quanto o amava!" (versículo 36)? Como as ações de Jesus colorem a imagem que você faz dele?

5. Compare as palavras de Marta no versículo 27 com as do versículo 39. A fé dela lhe faz lembrar a sua própria fé de vez em quando? Se faz, por quê?

6. Qual é a impressão mais forte que lhe fica de Jesus ao ler essas três histórias de quando ele ressuscitou os mortos?

Âncoras da vida

1. Marque uma hora para visitar uma casa funerária. Pergunte ao diretor fúnebre como ele organiza os detalhes do enterro, como trata com as pessoas enlutadas, as diferenças entre os serviços "religioso" e "secular", seu ponto de vista sobre a morte, etc. Quando voltar para casa, escreva

uma ou duas páginas descrevendo como a visita influenciou suas opiniões sobre a morte e o cristianismo.

2. A próxima vez em que vir um filme no cinema ou na televisão que inclua cenas de morte, pergunte-se como os produtores do espetáculo mostram a morte. Veem-na como final? Triunfante? Gloriosa? Apavorante? Em seguida, sente-se com um membro da família ou um amigo e tente imaginar como você, no papel de diretor com um ponto de vista cristão, teria apresentado essas mesmas cenas, O que teria feito diferentemente? Da mesma forma?

Capítulo 18

A celebração

Âncoras da mente

I. — *Por que choras?* — *Uma pergunta incomum para ser feita num cemitério. De fato, a pergunta é indelicada. Isto é, a menos que o interrogador saiba alguma coisa que o interrogado não saiba.*

1. O que o interrogador sabia que a interrogada não sabia?
2. Qual a importância desse conhecimento?

II. *Jesus não lhe permite ficar muito tempo sem saber, apenas o tempo suficiente para relembrar-nos de que ele gosta muito de surpreender-nos. Ele espera que nos desesperemos da força humana e então intervém com a divina. Deus espera até desistirmos e, em seguida, surpresa!*

1. Por que você acha que Jesus "espera que nos desesperemos da força humana"?
2. Você já experimentou alguma das surpresas de Deus? Descreva-as.

III. *— Maria, disse ele suavemente — surpresa!*

Maria ficou abalada. Não é sempre que se ouve o próprio nome pronunciado por uma língua eterna. Mas quando ela ouviu, reconheceu. E quando reconheceu, reagiu corretamente. Ela o adorou.

1. Por que a adoração foi a reação correta por parte de Maria? O que significa adorar?
2. Qual é a reação correta a Jesus hoje? De que maneira você está reagindo a ele?

Âncoras da alma

Leia João 20.1-18

1. Qual foi a preocupação de Maria ao ver que a pedra havia sido removida do sepulcro de Jesus?

Guia de estudos — Aprofundando as âncoras

2. O que havia de extraordinário nos itens que Pedro e João encontraram no sepulcro (versículos 7-9)? O que levou João a "crer" (versículo 8)?

3. Três vezes Maria expressou sua opinião de que alguém havia levado o corpo morto de Jesus (versículos 2, 13, 15). O que faz com que ela mude de opinião (versículo 16)?

4. Que tarefa Jesus deu a Maria? O que ela fez?

5. Você se alegra com o fato de Deus ser um Deus de surpresas? Explique sua resposta.

Âncoras da vida

1. Visto que Deus nos convida a participar de sua obra, e visto ser ele um Deus de surpresas, planeje e dê uma festa ou evento de surpresa a um amigo que não espera por isso.

2. Faça por duas semanas um diário pessoal e registre quaisquer surpresas que Deus lhe pregue durante esse tempo. No fim das duas semanas, pegue seu diário e vá a um lugar quieto no qual você possa agradecer-lhe essas obras especiais em sua vida. Peça também que você possa reagir bem a alguma surpresa que não seja tão bem-vinda.

3. Celebre a ressurreição com sua família e amigos. Algumas ideias incluem:

a. Participe da comunhão e de um tempo de adoração.

b. Entregue um presente a alguém que não possa retribuir o favor.

c. Assista a uma peça teatral ou alugue um filme que destaque a vitória de Jesus sobre a morte.

d. Identifique um amigo descrente e peça a essa pessoa que leia e dê seu parecer sobre um dos capítulos desta seção do livro.

e. Discuta com o grupo a maneira pela qual suas vidas seriam diferentes se a ressurreição jamais tivesse ocorrido.

Capítulo 19

O último olhar

Âncoras da mente

I. *Meu pai me deixou com um último olhar. Uma última declaração dos olhos. Uma mensagem de despedida do capitão antes de o barco sair para o mar. Uma garantia final de um pai para um filho: "Está tudo bem."*

1. A frase "está tudo bem" surge frequentemente neste livro, mesmo na história de um pai moribundo. O que ela procura mostrar?

Guia de estudos — Aprofundando as âncoras

2. Para quem a frase "está tudo bem" serve? Para quem não serve?

II. *Durante longo tempo o centurião sentou-se numa pedra e contemplou fixamente as silhuetas dos três vultos. As cabeças estavam frouxas, girando ocasionalmente de um lado para outro. A zombaria estava silenciada, lugubremente calada... Subitamente a cabeça do centro deixou de balançar, e endireitou-se. Seus olhos abriram-se num clarão branco. Um rugido retalhou o silêncio. Está consumado." Não foi um berro. Não foi um grito. Foi um rugido... um rugido de leão. De que mundo aquele rugido tinha vindo o centurião não sabia, mas sabia que não era deste.*

1. O que estava "consumado" nesta história? Por que isso foi dito tão vigorosamente?

2. Muitos cristãos encontram grande esperança e conforto nessas duas palavras: "Está consumado." Por quê?

III. *Se o centurião não o tivesse dito, os soldados teriam. Se o centurião não o tivesse dito, as pedras teriam — assim como o teriam dito os anjos, as estrelas, até os demônios. Mas ele disse. Recaiu sobre um estrangeiro anônimo declarar o que todos esses sabiam.*

— Verdadeiramente este era o Filho de Deus.

1. Se o centurião compreendeu plenamente suas palavras, que rumo suas ações deveriam ter tomado?

285

2. Se é verdade que Jesus é o Filho de Deus, que rumo suas ações devem tomar? Qual é o seu relacionamento com ele?

Âncoras da alma

Leia Marcos 15.33-39

1. Que declaração Deus fazia ao levar as trevas a caírem sobre a terra por três horas inteiras durante o meio da tarde?

2. Leia o Salmo 22.1-18. Essa porção da Escritura foi escrita centenas de anos antes de Cristo nascer, e no entanto contém descrições detalhadas daquilo que aconteceria na crucificação. Que detalhes apresentados no Salmo 22 você consegue encontrar no relato evangélico de Marcos 15?

3. O que levou o centurião a dizer a respeito de Jesus: "Verdadeiramente este era o Filho de Deus!" (versículo 39)?

4. Quem você acha que Jesus é? Em que se baseia para dar sua resposta?

Âncoras da vida

1. Escolha um lugar favorito no qual você possa ficar sozinho para pensar. Vá lá e passe algum tempo refletindo em como este livro

o desafiou a mudar certos aspectos de sua vida. Que mudanças específicas Deus lhe está pedindo que faça em:

sua vida em família?

sua vida no trabalho?

sua vida na igreja?

seu relacionamento com os amigos?

seus hábitos de leitura?

seu tempo de recreação?

suas prioridades de gastos?

seus padrões de doações?

seu uso do tempo?

sua conversa ou vocabulário?

outras áreas?

2. Escreva uma carta a um amigo íntimo, expressando como este livro mudou sua visão de Deus. Seja tão pessoal e específico quanto possível.

Esta obra foi composta em *Baskerville BT*
e *Impact* e impressa por Imprensa da Fé sobre
papel *Offset* 63 g/m² para Editora Vida.